Leo Strisower

Die Donaufrage

Leo Strisower

Die Donaufrage

ISBN/EAN: 9783743447202

Hergestellt in Europa, USA, Kanada, Australien, Japan

Cover: Foto ©Andreas Hilbeck / pixelio.de

Weitere Bücher finden Sie auf **www.hansebooks.com**

DIE DONAUFRAGE.

VON

D**R.** LEO STRISOWER,
Privatdocent an der Universität in Wien.

(Separatabdruck aus Grünhut's Zeitschrift f. d. Privat- und öffentliche Recht der Gegenwart, XI. Band.)

WIEN, 1884.
ALFRED HÖLDER,
K. K. HOF- UND UNIVERSITÄTS-BUCHHÄNDLER,
ROTHENTHURMSTRASSE 15.

Bald nachdem der Streit zwischen Oesterreich und Rumänien mit den Beschlüssen der Londoner Conferenz in seine bis jetzt letzte Phase eingetreten war, wurden ihm von mehren ausgezeichneten deutschen Rechtslehrern, Dahn, Holtzendorff, Geffcken und von einem jüngeren italienischen Juristen, Catellani, ausführliche Schriften gewidmet.[1] Das bedeutende actuelle und allgemeine Interesse der Frage rechtfertigt eine eingehende Prüfung der in ihnen niedergelegten Ansichten und Argumente, und die Stellung, welche der Schreiber dieser Zeilen ihnen gegenüber einnehmen muss, macht es nothwendig, eine selbständige Untersuchung mit der Kritik zu verbinden. Dieselbe soll durchaus vom juristischen Standpunkte, mit Ausschluss aller blos zur Stimmung beitragenden

---

[1] Dahn, Eine Lanze für Rumänien, eine völkerrechtliche und geschichtliche Betrachtung, Leipzig, 1883. — Holtzendorff, Rumäniens Uferrechte an der Donau, ein völkerrechtliches Gutachten, Leipzig, 1883. — Geffcken, La question du Danube, Berlin, 1883. — Catellani, La navigazione fluviale e la questione del Danubio secondo il diritto delle genti, Turin, 1883. — Die vorliegende Untersuchung war im Wesentlichen bereits abgeschlossen, als mir Jellinek's Gegenschrift „Oesterreich-Ungarn und Rumänien in der Donaufrage", eine völkerrechtliche Untersuchung, Wien, 1884, zukam. Ich werde mich darauf beschränken, Jellinek's Stellung zur Frage und Uebereinstimmungen in den Argumenten zu notiren

Erörterungen politischer und moralischer Natur, geführt werden, und lediglich auf die eigentliche Controverse, mit Ausschluss aller ablenkenden Nebenfragen, gerichtet sein.

I.

Eine präcise Auseinandersetzung der Streitpunkte mangelt befremdlicher Weise in all den bezeichneten Schriften. Und doch bildet sie die nothwendige Grundlage der weiteren Erörterungen, und die Beschaffenheit des Quellenmateriales berechtigt keineswegs zu einer blossen Verweisung.

Es handelt sich vornehmlich um die **Befugnisse** und um die **Zusammensetzung** der nach Stimmenmehrheit entscheidenden Commission, welche für die Donaustrecke zwischen dem Eisernen Thore und dem Punkte, wo der Wirkungskreis der europäischen Commission beginnt, eingesetzt werden soll. Der österreichische Standpunkt wird durch das am 10. März 1883 von den Signatarmächten des Berliner Vertrags in London sanctionirte Reglement[2] bezeichnet; für den rumänischen ist namentlich der einer Depesche vom 17. November 1882 beigelegte Gegenentwurf[3] massgeblich.[4]

Nach den **Londoner** Vereinbarungen soll der „Vollzug" des Schiffahrts- und Polizeireglements der **Autorität** *(autorité)* der „*Commission mixte*" unterstellt werden. Unter ihren **Befehlen** *(ordres)* fungiren alle sonst normirten Organe, auch die von den einzelnen Uferstaaten zu ernennenden und eventuell abzuberufenden Subinspectoren und Hafencapitäne, letztere allerdings nur, insoweit ihre Action den Flussweg betrifft. Nach dem **rumänischen** Entwurf ist der „Vollzug" des Reglements der **Aufsicht** *(surveillance)* der Commission unterstellt. Der unmittelbare Vollzug wird den Uferstaaten reservirt; sie sind es insbesondere, welche die Flusspolizei durch die Subinspectoren und Hafencapitäne ausüben. Die Differenz ist hiernach folgende. Nach dem Londoner Vertrage sind die **Aemter aller** Vollzugsorgane internationale, mag auch das **Dienstverhältniss** der Beamten, wie ins-

---

[2] Staatsarchiv XLI, Nr. 7991.
[3] Bei Dahn im Anhang S. 69.
[4] Vgl. zum Folgenden die rumänischen Noten vom 17. November 1882, vom 10. December 1882 und vom 24. Mai 1883 (bei Dahn im Anhang S. 65, 67 f., 77 ff., 121).

besondere der Subinspectoren und Hafencapitäne, gegenüber den einzelnen Uferstaaten begründet sein. Alle niederen Aemter sind demgemäss nach den Befehlen des leitenden internationalen Vollzugsorganes, der Commission zu führen. Rumänien will hingegen die Aemter der mit dem unmittelbaren Vollzug betrauten Organe als Aemter der einzelnen Uferstaaten betrachtet wissen und sie sind daher auch nach ihren Anordnungen zu verwalten. Dabei findet allerdings noch die *surveillance* der Commission statt, und es fragt sich, was diese zu bedeuten habe. In dieser Beziehung finden wir, dass die Commission keinem Uferstaate neue Verbindlichkeiten und Lasten ohne seine vorgängige Zustimmung auferlegen darf.⁵) Sie kann ferner den Subinspectoren und Hafencapitänen zwar Instructionen ertheilen, aber dies muss durch Vermittlung des Delegirten des betreffenden Uferstaates geschehen. Vergleicht man diese letztere Bestimmung mit der Bemerkung der rumänischen Regierung in der ihren Entwurf begleitenden Note, wonach die Aufsichtscommission, abgesehen von gewissen nicht hieher gehörigen Befugnissen, nur durch den „Einfluss" wirken soll, den eine solche Behörde „erwerben dürfte", so wird man deutlich erkennen — und durch eine sorgfältigere Untersuchung in der Ansicht nur bestärkt werden, — dass im Sinne Rumäniens die Beschlüsse der Commission im Allgemeinen auch nicht völkerrechtlich für die Uferstaaten bindend, sondern ihrer Ueberprüfung unterworfen, wo nicht an ihre formelle Zustimmung geknüpft sein sollen.

Oesterreich-Ungarn behauptet weiters, namentlich auf Grund seiner geographischen Lage und seiner Interessen, das Recht, in der Commission neben den Uferstaaten des fraglichen Donautheiles und neben einem von 6 zu 6 Monaten nach der alphabetischen Ordnung der Mächte wechselnden Mitglied der europäischen Commission vertreten zu sein. Nach dem rumänischen Entwurfe soll sie aus den Repräsentanten der Uferstaaten, dann aus zwei Mitgliedern der

---

⁵) Es sind namentlich Lasten finanzieller Natur, und zwar solche Lasten gemeint, welche zwar im Allgemeinen durch das Reglement begründet, aber im Einzelnen nicht specificirt sind. Bei wirklich „neuen" Lasten versteht sich der Grundsatz auch nach dem Londoner Vertrage von selbst. Ihre Auflegung gehört nicht zur Ausführung des Reglements.

europäischen Commission, von denen aber das eine für die ganze Dauer der neuen Behörde mit Stimmenmehrheit gewählt werden soll, bestehen. Rumänien will übrigens in Berücksichtigung der Interessen Oesterreich-Ungarns zugeben, dass es auf letzterem Wege eine ständige Vertretung erlange. Nur soll eben sein Recht zur Theilnahme „von Europa, und kraft eines speciellen Mandates, ausgehen". — Auch dieser Gegensatz bedarf einer etwas näheren Prüfung. Die rumänische Regierung betont, dass die Stellung Oesterreichs, wenn es nicht auf Grund eines „europäischen Rechtstitels" in die Commission einträte, eine beherrschende, der Freiheit der Flussschifffahrt abträgliche wäre; und Dahn (S. 50) wiederholt diesen Vorwurf. Man scheint anzunehmen, dass Oesterreich in dem einen Falle mehr als in dem anderen seine Interessen, vielleicht im Gegensatz zu den allgemeinen Interessen, verfolgen könnte. Catellani (S. 153) sagt, dass Oesterreich, wenn es auf Grund eines europäischen Mandates einträte, von Europa überwacht würde. In Wahrheit ist aber von einem Unterschiede in der Stellung, die Oesterreich in dem einen und in dem anderen Falle in der Commission einnehmen würde, Nichts zu vermerken. In beiden Fällen ist es verpflichtet und nur verpflichtet, das Reglement seinem Sinne und seinem allgemeinen Zwecke nach durchführen zu helfen, in beiden Fällen darf es, soweit diese Aufgabe eine Freiheit zulässt, nach seinem eigenen, naturgemäss von seinem Interesse geleiteten Ermessen wirken. Das Wort „Mandat", das sich im rumänischen Entwurfe selbst nicht findet, wird nur hier wie anderwärts im öffentlichen Rechte missbräuchlich angewendet. Die blosse Wahl des österreichisch-ungarischen Delegirten durch die europäische Commission bezeichnet diese Monarchie als geeignet, das der europäischen Commission anvertraute Interesse in der neuen Behörde zu schützen, verpflichtet sie aber noch keineswegs dazu dieses Interesse als solches überhaupt und noch weniger dasselbe dem Willen der europäischen Commission gemäss zu vertreten. Rumänien selbst weist auf die eigenen Interessen Oesterreich-Ungarns hin, in deren Würdigung seine Wahl erfolgen soll. Der Unterschied zwischen dem österreichischen und rumänischen Standpunkte betrifft nicht das Resultat im concreten Falle, sondern nur das Princip, mittelst dessen zu demselben gelangt werden, welches daher als anerkannt gelten und möglicher Weise auch über die concreten Vereinbarungen hinaus fortwirken soll. Oesterreich nimmt sein Recht auf Grund bestehender Rechtstitel in Anspruch, Rumänien will nur zugestehen, dass es ihm durch den überwiegenden Willen „Europas", als in dem allgemeinen von der europäischen Commission vertretenen Interesse gelegen, zuerkannt werde.

Rumänien hat in den drei deutschen Rechtsgelehrten, wie auch in Catellani, warme Vertheidiger gefunden. Dagegen führt Jellinek*) aus, dass das von Oesterreich vertheidigte Interesse zum Mindesten kein widerrechtliches ist, den allgemeinen Grundsätzen des Flussschiffahrtsrechtes nicht zuwiderläuft, von Präcedenzfällen gestützt wird und dass es sich um einen Kampf der Interessen handelt, der mit allen (in einem solchen Kampfe) erlaubten Mitteln geführt werden kann.

II.

Die Pflicht der Uferstaaten, internationale Reglements für die Donaustrecke zwischen dem Eisernen Thore und Galatz ausarbeiten zu lassen, beruht bekanntlich auf Artikel LV des Berliner Vertrages, und ebenso bekannt ist, dass auf der Londoner Conferenz das präsumtive Geltungsgebiet derselben durch Ausdehnung des Wirkungskreises der europäischen Commission bis Braila eingeengt worden ist.

Artikel LV lautet: „*Les règlements de navigation, de police fluviale et de surveillance depuis les Portes de fer jusqu'à Galatz seront élaborés par la Commission Européenne assistée de délégués des Etats Riverains et mis en harmonie avec ceux qui ont été ou seraient édictés pour le parcours en aval de Galatz*".

Holtzendorff und Geffcken ziehen zwar die Schlussbestimmung des Artikels bei Beurtheilung der Frage in Betracht, aber man kann nicht sagen, dass dies in irgend genügender oder gebührender Weise geschehen ist. Die genauere Untersuchung mag hier nicht viel Anziehendes bieten, aber sie lässt sich nicht mit allgemeinen Erwägungen ablehnen.

---

*) Vgl. besonders l. c. S. 23, 42 f.

1. Es handelt sich zunächst darum, ob die auszuarbeitenden Reglements auch mit jenen Bestimmungen in Harmonie gesetzt werden sollen, welche die **Ausführung** der Schifffahrts- und Polizeireglements an den Donaumündungen beherrschen, und insbesondere mit jenen, welche die Befugnisse und die Organisation der europäischen Commission betreffen.

Holtzendorff (S. 93 f.) will dies deshalb nicht zulassen, weil es logisch unmöglich sei, **definitive Rechtsregeln** mit einem **provisorischen Ausnahmsrecht** in Harmonie zu setzen. Aber woher steht es denn fest, dass der Berliner Vertrag, ungeachtet er den Einklang der Reglements für beide Donaustrecken vorschreibt, doch für die Strecke oberhalb Galatz eine in höherem Grade reguläre und definitive Rechtsordnung im Auge hat? Das Mindeste, was man sagen kann, ist, dass dies in keiner Weise aus den sonstigen Bestimmungen des Vertrages erhellt, und von einem Widersinne darf daher keine Rede sein.

Geffcken (S. 31) betont, dass in Artikel LV von *„règlements"* und nicht vom *„régime"* oberhalb Galatz gesprochen werde. Ich kann keinen **wesentlichen** Unterschied zwischen den beiden Begriffen erkennen. Das Regime entspringt den Reglements, insoweit dieselben Bestimmungen enthalten und befolgt werden. Geffcken scheint hervorheben zu wollen, dass eine Harmonie der *„règlements"* sich nur auf eine gleichförmige „**Gesetzgebung**" beziehen könne. Das ist gewiss richtig. Es muss aber eben untersucht werden, ob die internationalen Bestimmungen über den Vollzug **auch** zu jener Gesetzgebung gehören, mit der die Uebereinstimmung hergestellt werden soll.

Nach Artikel LV sind es die *„règlements de navigation de police fluviale et de surveillance"*, bezüglich deren sie obwalten soll. Aber die internationalen Vollzugsbestimmungen, die auf der untersten Donaustrecke gelten, bilden eben einen begrifflichen Bestandtheil dieser dort in Kraft stehenden Reglements.

Die *„surveillance"* kann in der gebrauchten Wortverbindung zwei Hauptbedeutungen haben. In beiden Fällen jedoch gehören, **wenn** internationale *„règlements de navigation, de police fluviale et de surveillance"* irgendwo vorhanden sind, auch die

Vollzugsbestimmungen, wenn und insoweit sie vereinbart werden, in dieselben hinein. Andererseits ist die Bezeichnnng „règlements de navigation, de police fluviale et de surveillance" so allgemein, dass sie, was immer fast für Vollzugsgrundsätze bestehen, angewendet werden kann, und jedenfalls auf die stromabwärts von Galatz geltenden Bestimmungen vollkommen passte.

Die „surveillance" kann als Ueberwachung des Flusses verstanden werden. Das ist in diesem Zusammenhange der natürlichere Sinn, da es sich auch um die *navigation* und um die *police* des Flusses handelt.[7]) Alsdann sind es speciell die „règlements de surveillance", welche die internationalen Bestimmungen über den Vollzug der Schifffahrts- und Polizeiordnungen ordnungsgemäss enthalten müssen und alle möglichen Bestimmungen hierüber enthalten können. Man überwacht ja den Fluss vorzugsweise eben durch Ausführung der materiellen, in den Schiffahrts- und Polizeireglements enthaltenen Regeln. Und der Begriff einer Ueberwachung des Flusses weist noch auf keine concrete Gestalt dieses Vollzuges hin.

Die „surveillance" kann auch als Ueberwachung des Vollzuges der Schiffahrts- und Polizeireglements verstanden werden. In diesem Falle können die Vereinbarungen, welche sich auf den unmittelbaren Vollzug selbst beziehen, correcter Weise nicht mehr in den *règlements de surveillance* ihren Platz finden. Sie gehören aber dann ordnungsgemäss in die Schiffahrts- und Polizeiordnungen selbst. Sobald eben solche Grundsätze nicht vermöge ihres formalen Charakters mit den übrigen Vollzugsbestimmungen zu *règlements de surveillance* in

---

[7]) In diesem Sinne sprachen die bulgarischen Delegirten in London von den „*travaux de la règlementation de la navigation de la police et de la surveillance du Danube depuis les Portes de Fer*" (Staatsarchiv XLI, S. 312) und ähnlich ebenda S. 323. Zu demselben Resultate führt es, wenn die „Ueberwachung" auf die Schiffahrt bezogen wird. S. die Art. VI und XI (vgl. Art. XXXIV) der Donauschiffahrtsacte vom 7. November 1857 (Martens N. R. G. XVI, 2, S. 75), welche von „*autorités fluviales chargées de la surveillance de la navigation danubienne*" sprechen; den Artikel XII des Vertrages zwischen Oesterreich und Sardinien vom 18. October 1851 (ebenda N. R. G. XVI, 1, S. 189), welcher die Vereinbarung von „*regole necessarie ... per la sorveglianza ... della navigazione*" stipulirt u. s. w.

dem erstbezeichneten Sinne zusammengefasst werden, weist ihnen der sachliche Zusammenhang ihre ordnungsgemässe Stelle neben den materiellen Regeln der Schiffahrts- und Polizeiordnungen an. Das Aufsichtsreglement wird in diesem Falle die übrigen vereinbarten Vollzugsbestimmungen umfassen, insbesondere auch die etwa vereinbarten Grundsätze über die Art und Weise, wie wahrgenommene Uebelstände beseitigt werden sollen; mag man nun den Begriff der Aufsichtsführung strenge auf die blosse Kenntnissnahme beschränken und eine solche Form für die Verwerthung der Resultate nur als etwas nothwendig mit ihr Verbundenes betrachten, oder mag man nach dem gewöhnlichen Sprachgebrauche in ihr von vorneherein beides zugleich erblicken.[8]) Die Gesammtheit der drei Arten von Reglements wird daher auch in diesem Falle alle internationalen Grundsätze über den Vollzug in sich schliessen.

Fasst man die *surveillance* in dem letzteren Sinne auf, so muss ein Unterschied zwischen unmittelbar dem Vollzuge vorgesetzten Behörden und Ueberwachungsbehörden bestehen. Die Grundsätze über den Vollzug, welche unter den Begriff der „*règlements de navigation, de police fluviale et de surveillance*" fallen können, werden daher durch diese Nothwendigkeit bestimmt. Aber auch nur dies ist nothwendig, damit jene Bezeichnung passe. Hingegegen können beiderlei Behörden internationale und die Autorität der Aufsichtsbehörde kann eine mehr oder weniger bedeutende sein, so dass sie mehr oder weniger die Unabhängigkeit der beaufsichtigten Organe schmälert.[9]) Holtzendorff lehrt zwar (S. 82 f.), dass der

---

[8]) Vgl. Laband, Staatsrecht des deutschen Reiches, II, S. 225 f., 231. — Klüber, Oeffentliches Recht des deutschen Bundes, §§. 358, 359. — Stein, Verwaltungslehre, I, 1, S. 125 f., I, 2, S. 69 ff.

[9]) Nach dem *Acte public* vom 2. November 1865 (Martens N. R. G. XVIII, S. 144) werden der Generalinspector und der Hafencapitän, die der Flusspolizei auf den Donaumündungen vorstehen, von der Hohen Pforte ernannt, fungiren aber unter der „*surveillance*" der europäischen Commission. Im Schlussprotokolle vom selben Datum (ebenda S. 143) erklären die Delegirten der Grossmächte, dass sie die der Flusspolizei vorstehenden Organe „*comme fonctionnant sous la direction de la Commission européenne et comme revêtus d'un caractère international*" ansehen. Vgl. auch den *projet d'arrangement* bei

Begriff der *surveillance* in internationalen Dingen die Befugniss, executivische Acte unmittelbar anzuordnen, nicht enthält; dass nach dieser Richtung die *surveillance* nur das Recht der Kenntnissnahme und der Beschwerdeführung bei den Organen vesjenigen Uferstaates, in desen Gebiet eine Unregelmässigkeit dorgefallen ist, bedeuten kann; dass der Begriff einer den Völkerrechtszwecken dienenden *surveillance* nicht aus den verwaltungsrechtlichen Vorstellungen eines administrativen Oberaufsichtsrechts hergeleitet werden darf, sondern überall den Begriff der Souveränetät voraussetzt. Aber insoferne diese Bemerkungen etwas anderes als die zugegebene Scheidung zwischen überwachenden und unmittelbar vollziehenden Behörden meinen, ist ihre Richtigkeit durchaus zu bestreiten. Wenn die überwachte Behörde gleich der überwachenden internationalen Charakter hat, so kommt eine solche *surveillance* der gewöhnlichen verwaltungsrechtlichen Oberaufsicht vollkommen gleich. Der Begriff der Souveränetät spielt nur ein, wenn die überwachten Behörden den einzelnen Uferstaaten ausschliesslich angehören. In diesem Falle — der noch nicht nothwendig dadurch gesetzt ist, dass den Uferstaaten das Recht zur Ernennung der fraglichen Beamten zusteht [10]) — kann ihnen allerdings die **mehreren Staaten gemeinsame** Aufsichtsbehörde keine Befehle im eigentlichen Sinne ertheilen, denn das wären Befehle eines Staates an den anderen, die durch den Begriff der Souveränetät ausgeschlossen werden. Aber auch in diesem Falle kann das Aufsichtsrecht der gemeinsamen Behörde weit mehr als ein blosses Recht zur Kenntnissnahme und Beschwerdeführung bedeuten. Es kann bedeuten, dass jeder einzelne Uferstaat sich im Vorhinein verpflichtet hat, die Beschlüsse der gemeinsamen Behörde nach Art schiedsrichterlicher Entscheidungen (genauer: *arbitratio*) zu befolgen, was praktisch

---

Neumann et Plason, *Recueil des traités conclus par l'Autriche* N. S. VIII, S. 390 (1857) und das Reglement ebenda S. 478 (1861). Uebrigens ertheilt der auf Grundlage des Berliner Vertrages ausgearbeitete *Acte additionnel* vom 28. Mai 1881 der europäischen Commission das Recht diese Organe zu ernennen und unterstellt sie ihrer „*autorité directe*".

[10]) Vgl. die vorige Note, dann Art. 65 des *Règlement de navigation et de police applicable au Pruth* vom 9. Februar 1871 (Martens N. R. G. *Deux. sér.* I, S. 485.) und oben sub I a. A.

nahezu auf dasselbe, wie das Recht, executivische Acte anzuordnen herauskommt.[11])

Auf der untersten Donaustrecke besteht der Unterschied zwischen der europäischen Commission und anderen Organen, deren unmittelbarer Autorität die Ausübung der Schifffahrt untersteht. Die wesentlichen Regeln über die Functionen dieser Organe, insbesondere des Schiffahrts-Inspectors und des Hafencapitäns von Sulina, sowie über ihr Verhältniss zur Commission sind, übrigens grossentheils in Wiederholung anderweitiger Bestimmungen, in dem „*Règlement de navigation et de police*" enthalten. Im Allgemeinen erscheinen die Regeln über die Befugnisse und die Organisation der europäischen Commission und der anderen Behörden in einer Reihe von Acten zerstreut, welche verschiedene Titel tragen, aber jedenfalls, soweit sie sich auf diesen Gegenstand beziehen, als Reglements zu bezeichnen sind, da dies nach Artikel 116 der Wiener Schlussacte [12]) der allgemeine Ausdruck für Vereinbarungen dieser Art ist.

Wenn internationale Vollzugsbestimmungen von der Art, wie sie auf dem maritimen Donautheile bestehen, unter allen Umständen ihrer Natur nach in internationale „*règlements de navigation, de police fluviale et de surveillance*" hineingehören, wenn die auf dem maritimen Theile der Donau geltenden Grundsätze dieser Art in Acten enthalten sind, die als solche Reglements bezeichnet werden oder sich eben durch ihren Inhalt als solche qualificiren: so müssen nach Artikel LV des Berliner Vertrags die auszuarbeitenden Reglements auch in dieser Beziehung mit dem Rechte der Donaumündungen in Harmonie gesetzt werden.

Alle versuchten Einschränkungen sind unbegründet, übrigens auch in sich fragwürdiger Natur. Wenn die rumänische Regierung bemerkt [13]), dass die Bestimmung des Berliner Congresses über das Verhältniss der Reglements beider Flussstrecken nur den Zweck gehabt habe, die Freiheit der Schiff-

---

[11]) Diese Construction findet sich in einem von Humboldt der Wiener Congresscommission vorgelegten Entwurfe (Klüber, Acten des Wiener Congresses III, S. 104).

[12]) Vgl. die Art. 117 und 118 Nr. 16 derselben Acte.

[13]) Note vom 17. November 1882, bei Dahn S. 64 f.

fahrt und die gleiche Behandlung für alle Nationen zu sichern, so ist namentlich zu erwägen, dass zur „Freiheit der Schiffahrt" auf den Donaumündungen nach der positiven Ausbildung des Begriffes Alles gehört, was dort eine wirklich freie Schiffahrt fördert, auch die stipulirte Form des Vollzugs der Schiffahrtsordnungen. Wenn Holtzendorff (S. 94) den Auftrag des Artikels LV blos dahin verstanden wissen will, dass die neuen Reglements mit dem technischen Theile der stromabwärts von Galatz herrschenden Schiffahrtsordnungen möglichst in Einklang gesetzt werden sollen, und gleich darauf (S. 95) auch dahin, dass das in der europäischen Commission geltende Princip der Gleichberechtigung in den neu zu vereinbarenden Regeln angewendet werden soll, so erscheint es auch schon an und für sich sehr bedenklich, aus den Reglements der untersten Donaustrecke in Bezug auf die Organisation der *surveillance*, zusammenhangslos, die ganz zweifellosen Grundsätze, die durch die Technik der Schiffahrt gefordert werden, und dann das vereinzelte Princip der Gleichberechtigung der Mächte für eine nach anderen Grundsätzen zu gestaltende Commission zu extrahiren.

2. Von einer Harmonie der Reglements, wie sie nach Artikel LV hergestellt werden soll, kann man sowohl in dem Sinne sprechen, dass die verschiedenen Rechte miteinander nicht collidiren, als auch in dem höheren Sinne, dass sie ein harmonisches Ganze bilden sollen. Es ist von vorneherein klar, dass Artikel LV diese letztere Harmonie meint. Wirkliche Collisionen sind bei Reglements für verschiedene Strecken eines Flusses ohnehin sehr schwer möglich. Andererseits bildet eine wirkliche „*uniformité de système*" schon nach Artikel 110 der Wiener Congressacte ein Postulat des internationalen Schiffahrtsrechts. In der That wird auch nicht behauptet, dass Artikel LV im Sinne eines blos sozusagen negativen Einklanges auszulegen sei.[14]

Es findet sich im Gegentheile eine Ueberspannung des Begriffes der Harmonie. Holtzendorff (S. 95) meint, dass eine andere Schiffahrtsordnung nur dann „völlig" in Einklang mit der Stellung der europäischen Commission ge-

---

[14] Vgl. auch Art. XI des österreichisch-serbischen Schiffahrtsvertrages vom 22. Februar 1882 (R. G. Bl. Nr. 85).

setzt werden könnte, wenn die Competenz derselben bis an das Eiserne Thor ausgedehnt würde. Und Geffcken scheint daran mindestens zu denken, dass die Errichtung einer vollkommen **gleich** construirten internationalen Behörde zur Harmonie erforderlich wäre. Es ist nun, insbesondere nach Artikel LIII des Berliner Vertrags zweifellos, dass die Mächte den Wirkungskreis der europäischen Commission nicht über Galatz hinausreichen lassen wollten; und es ist mit Rücksicht darauf, wie auch aus allgemeinen Gründen sicher, dass sie nicht eine Copie dieses Organismus auf der neu zu reglementirenden Strecke herstellen lassen wollten. Wären jene Ansichten richtig, so würde daher nur gefolgert werden können, dass eben insoferne keine „völlige" Harmonie der beiden Schifffahrtsordnungen zu schaffen sei. Allein sie scheinen mir auch an sich unstichhältig. Im Allgemeinen muss allerdings zugegeben werden, dass dem Ideal einer harmonischen Ordnung für die verschiedenen Theile desselben Flusses, wie einerseits die Gleichförmigkeit der materiellen Bestimmungen [15]), so andererseits die **Einheit** des Vollzuges entspricht, erstere aber nur so weit, als nicht die verschiedene Beschaffenheit der Flusstheile Abweichungen erheischt, und letztere nur, wenn der Vollzug zugleich so organisirt ist, dass jene Gleichartigkeit des Verfahrens, welche durch die Einheit vorzugsweise erstrebt wird, wirklich für all' die verschiedenen Flussstrecken gewärtigt werden kann. **Hier nun handelt es sich um den speciellen Fall, dass mit einer bereits bestehenden und nicht zu ändernden Ordnung** einer Flussstrecke die Ordnung einer anderen in Harmonie gesetzt werden soll. Das Postulat der Gleichförmigkeit der materiellen Bestimmungen wird auch hier regelmässig durchgeführt werden können, nur dass das Resultat hiebei doch einigermassen anders ausfallen wird, als wenn von vornherein die Bestimmungen für das Ganze der beiden Flussstrecken geschaffen worden wären. Rücksichtlich der Einheit des Vollzuges ist hingegen ganz besonders darauf zu sehen, ob sich der bestehende Vollzugsorganismus seinem Charakter nach zu der neu hinzutretenden Fluss-

---

[15]) Vgl. Engelhardt, *Du régime conventionnel des fleuves internationaux* (1879), S. 109 f.

strecke nicht ganz anders verhalten würde, als zu derjenigen für die er geschaffen wurde. Unter diesen Umständen würde die Harmonie durch die Einheit, durch die einfache Erstreckung seiner Competenz viel mehr leiden als gefördert werden. Wenn etwa **Rumänien** an den Donaumündungen als Uferstaat schlechthin nach jeder Richtung für den Vollzug der Reglements zu sorgen hätte, so würde gewiss nicht behauptet werden können, dass die Harmonie die Erstreckung seiner Vollzugsgewalten bis zum Eisernen Thore, auch für die serbischen und bulgarischen Gewässer fordere. Und ganz dasselbe muss in Bezug auf die europäische Commission festgehalten werden, wäre es auch nur deshalb, weil Serbien und eigentlich auch Bulgarien in ihr nicht gleich Rumänien vertreten sind. Hier kann der gleichartige Charakter des Vollzuges nicht mehr durch die Einheit erreicht, es muss ein **neuer Organismus** geschaffen werden, welcher ihn durch sein Wesen sichert, und nur unterstützend mag eine gewisse äussere Verbindung zwischen ihm und zwischen den bestehenden Organen hinzutreten, wie eine solche auch im Londoner Vertrage in Aussicht genommen ist.

Soll nun der neue Organismus durch sein Wesen Bürgschaften dafür bieten, dass der Vollzug in harmonischer Weise geschehe, so muss er **nach denselben Principien gestaltet werden**, welche in der bestehenden Ordnung wirken, also hier nach jenen Principien, welche bewirken, dass an der untersten Donaustrecke der Vollzug in einem gewissen Sinne erfolgt, während die Ausführung dieser Principien insoweit **abweichend** gestaltet werden muss, als die Nachahmung auf den zu reglementirenden Flusstheil gerade in anderem Sinne wirken würde. Nicht als ob die herüberzunehmenden Principien sich ihrem eigenen Wesen nach auf den gegenwärtigen Fall bezögen. Sie sind vielmehr ganz strict nur für die Donaumündungen und theilweise als Ausnahme mit Rücksicht auf die concreten Verhältnisse gedacht; von **aussen** her, von Artikel LV wird die Analogie durch das Postulat der Harmonie der Reglements hereingetragen. Nicht als ob es ferner, abstract betrachtet, auch ohne eine analoge Organisation **unmöglich** wäre, dass thatsächlich an beiden Donaustrecken die materiell einander entsprechenden Reglements auch in demselben Sinne ausgelegt und ausgeführt würden. Aber die Harmonie des Vollzuges soll ja hier, nach Artikel LV durch die Harmonie der **Vollzugsordnungen** herbeigeführt oder gesichert werden, sie soll auch mit jenen Mitteln, die das Recht in Recht in Bezug auf die Organisation der Vollzugsbehörden gewährt, gefördert werden. — Uebrigens ist mit in Betracht zu ziehen, dass eine Vorschrift, welche die Herstellung der Harmonie mit einer bestehenden Ordnung fordert, neben dem eigenen Werthe der Harmonie auch den absoluten Werth der bestehenden Ordnung und seine Aneignung für die neu zu schaffende mittelst der Harmonie in's Auge fasst.

Die Protokolle des Berliner Congresses[16]) scheinen diese Ausführungen nach jeder Richtung zu bestätigen.

Der von dem Congress in der Sitzung vom 4. Juli 1878 angenommene Text differirt wesentlich von dem gegenwärtigen Texte des Artikels LV. Es werden dort nur die *„règlements de navigation et de police fluviale"* erwähnt, und es soll zwischen den auszuarbeitenden Reglements und denen des maritimen Donautheiles *„conformité"* hergestellt werden. Graf Andrássy hatte während der Discussion den praktischen Nutzen, den die Aufstellung des Princips: *„de l'unité des règlements de navigation"* gewähren würde, betont. Die Aenderungen sind offenbar von der Redactionscommission beschlossen worden und der Congress hat sie ohne Weiteres acceptirt. Mehrfach wurden wichtige Beschlüsse dieser Commission überlassen, welche aus Vertretern aller Mächte bestand, deren österreichisches und russisches Mitglied, **Haymerle** und **Oubril** überdies speciell in dieser Frage auch im Plenum besonders hervorgetreten waren. Es scheint mir nun sicher, dass die *„harmonie"* gerade deshalb der *„conformité"* substituirt wurde, weil die *„règlements de surveillance"* neben die Schiffahrts- und Polizeireglements traten und weil man eben den Gedanken ausschliessen wollte, dass der Wirkungskreis der europäischen Commission über den vom Congresse bereits beschlossenen Endpunkt hinaus ausgedehnt würde; dass aber andererseits auch der Begriff der Harmonie gewiss nicht in einem Sinne gefasst wurde, der von der vom Congress bereits sanctionirten

---

[16]) S. **Staatsarchiv** XXXIV, S. 214 f., 218, 260.

Idee einer „*conformité*", einer „*unité*" weiter abwich, als diese Erwägung reichte.

3. Es versteht sich, dass bei der nun obliegenden Untersuchung der an den Donaumündungen verwirklichten Organisationsprincipien nur jene Punkte *ex professo* in Betracht zu ziehen sind, auf die sich der Streit bezieht, dass ferner die europäische Commission in jener Gestalt und Bedeutung in's Auge zu fassen ist, welche ihr zur Zeit des Berliner Vertrages und nach der späteren Entwicklung zukommen.

An den Donaumündungen ist die Executivgewalt den Territorialbehörden entzogen und einer internationalen Commission sammt den von ihr abhängigen Organen überlassen. Dieses Princip wird daher in erster Linie auf die Strecke vom Eisernen Thor anzuwenden sein.

Schwieriger ist es die in der Zusammensetzung der europäischen Commission verwirklichten Principien aufzudecken und analog zu verwenden.

Diese Zusammensetzung ist bestimmt worden „in Erwägung des europäischen Interesses, welches sich an die vollständige Oeffnung der Donau .... knüpft", die Commission soll fungiren als „Repräsentant der Interessen Aller".[17] Da sie in Wahrheit, so Manches auch über die politische Seite der Sache gesagt worden ist, nur den an der Schiffahrt hängenden Handels- und Schiffahrtsinteressen dienen kann und dient, so bedeutet das, dass sie diese, alle Staaten mehr oder weniger, direct oder indirect, berührenden Interessen, als allgemeine, für Jedermann zu wahrende, schützen soll. Zweifellos sollen daneben auch die sonstigen uferstaatlichen Rechte und Interessen, welche sich sogar gegensätzlich zu dem Handels- und Schiffahrtsinteresse äussern können, eine gewisse Vertretung in der Commission finden. Die Theilnahme der Türkei an derselben ist sicherlich theilweise unter diesen Gesichtspunkt gefallen; und die Türkei hat jene Rechte und Interessen in ihrem Schosse lebhaft geltend gemacht.[18] Derselbe Zweck ist gewiss theilweise verfolgt worden, als die Mächte

---

[17] Martens N. R. G. XV, S. 648, 650, 656 (Wiener Conferenzen, 1855).

[18] S. besonders das Separatvotum des türkischen Delegirten vom 30. Jänner 1858 (Neumann et Plason *Rec. autr.* N. S. VIII, S. 411 ff.).

im Berliner Vertrage dem neuen Uferstaate Rumänien eine Vertretung in der Commission gewährten.[19])

Insoferne nun ein allgemeines Interesse für die Zusammensetzung der Commission massgeblich erscheint, und insoferne die vereinbarten Satzungen diesem Zwecke dienen sollen, kann man auch von **jeder einzelnen** in der Commission vertretenen und zur Durchführung dieser Satzungen verpflichteten Macht sagen, dass sie das **allgemeine** Interesse repräsentire. Aber auch nur in diesem Sinne ist dies richtig. Die Stellung jeder einzelnen Macht beruht nicht auf einem Mandate oder auch nur auf einer Wahl Europas oder auf einem Mandate oder auf einer Wahl aller übrigen Mächte. Das wären Fictionen und theilweise unsinnige Fictionen. Es besteht keine **Verpflichtung** jeder einzelnen Macht das allgemeine Interesse schlechthin zu verfolgen. Das wäre auch ein völlig unpracticables Princip. Dass das allgemeine Interesse gewahrt wird, beruht vielmehr auf **inhärenten** Qualitäten der an der Commission theilnehmenden Mächte und auf dem Mechanismus ihres **Zusammenwirkens**.

Am ehesten könnte man noch gerade bei Rumänien behaupten, dass der Wille der übrigen Mächte die Grundlage seiner Stellung bilde. Rumänien ist durch den Willen der anderen Mächte aufgenommen worden, und zwar sicherlich nicht bloss, damit jenes specifisch territoriale Interesse vertreten sei, sondern auch um an der Sicherung des allgemeinen Handels- und Schiffahrtsinteresses mitzuwirken. Indessen ist dieser Willensact der Mächte offenbar nur als **formale Sanction** eines Princips, gleich der legislativen Sanction des staatlichen Rechtes zu betrachten, sie gehört nicht zum materiellen Thatbestande des Principes. Es handelt sich nicht um den dem Grundgedanken staatlicher Wahlordnungen verwandten Gedanken, dass derjenige Staat berufen sei, an der Vertretung des allgemeinen Handels- und Schiffahrtsinteresses mitzuwirken, welcher von gewissen Mächten hierzu bezeichnet wird; sondern um den Gedanken, dass auch der Uferstaat

---

[19]) Vgl. über den Titel der Zulassung Rumäniens das 4. Protokoll der Londoner Conferenz (Staatsarchiv XLI, S. 315 ff.) und die rumänischen Noten vom 9. December 1882 und vom 24. Mai 1883 (bei **Dahn** S. 74 f., 111 f.)

vermöge seiner eigenen Handels- und Schiffahrtsinteressen hierzu berufen sei. Was die übrigen Mächte selbst betrifft, so treten folgende Gesichtspunkte in den Vordergrund. Sie sollen an der Vertretung des allgemeinen Interesses theilnehmen, weil sie ein **eigenes**, mehr oder minder bedeutendes Interesse derselben Art, und mindestens einzelne von ihnen ein so mächtiges Interesse haben, dass eine entsprechend energische Obsorge von ihnen zu erwarten steht, und ihr freies E r m e s s e n billiger Weise einen Einfluss geniessen soll. Der Gesammtheit dieser Nichtuferstaaten mit ihrem i s o l i r t e n und energischen Interesse wird das Uebergewicht über den Uferstaat in der Commission gegeben, theils durch das in derselben und zwar gerade für administrative Fragen, in bedeutendem Umfange herrschende Majoritätsprincip, theils durch die Herbeiziehung sämmtlicher politisch bedeutender Mächte, deren Gesammtgewicht territoriale Velleitäten nicht leicht widerstehen können, während umgekehrt die Fernhaltung der einen oder der anderen gefährliche Eifersucht wecken könnte. Dem Streben, die Verfolgung eines particulären Interesses über jenes Mass hinaus zu hindern, in welchem dasselbe mit dem allgemeinen Interesse identisch oder vereinbar ist, entspricht namentlich das Princip der Stimmengleichheit, das ohne Rücksicht auf die absolute Grösse des Interesses der einen oder der anderen Macht festgehalten wird.

Auf der Strecke, wo die europäische Commission waltet, kommen fast ausschliesslich die Seeschiffahrt und der Seehandel in Betracht. Auf dem zu reglementirenden Flusstheil können hingegen die Seeschiffe aus natürlichen Gründen nur in geringem Masse verkehren.[20]) Die Flussschiffahrt spielt hier die Hauptrolle. Für den Seeh a n d e l bildet die Strecke eine wichtige Verbindungsstrasse. Aber sie entfremdet ihm auch andererseits den Markt, der in sehr bedeutendem Umfang von dem flusswärts operirenden Handel eingenommen wird. Daher kann das Vorbild der europäischen Commission in der neuen Behörde nicht einfach nachgeahmt werden. Soll auch hier, wie dies dort nach den obigen Ausführungen der

---

[20]) S. Götz, Das Donaugebiet (1882) S. 421; vgl. die Mittheilungen der k. und k. österreichisch-ungarischen Consularbehörden XI, 1893, S. 165, 678, 787 f., 790.

Fall ist, dass allgemeine Handels- und Schiffahrtsinteresse durch **energisch selbstinteressirte Nichtuferstaaten** überwiegend gesichert werden, so muss dies **gleichmässig** bezüglich der Flussschiffahrt und des Flusshandels wie bezüglich der Seeschiffahrt und des Seehandels geschehen, damit nicht die eine Art von Interessen unter der zum Theile — namentlich wenn die ganze Länge der Strecke in Betracht gezogen wird — gegensätzlichen Wirkung der anderen leide.

Im Interesse der Flussschiffahrt und des Flusshandels kann aber **Oesterreich-Ungarn** neben einer am Seehandel und an der Seeschiffahrt interessirten Macht eine Stimme in der Commission fordern. Die überwiegende Grösse seiner Interessen in den angeführten Richtungen ist anerkannt, wird freilich bei **Catellani** (S. 106 ff.) in verkehrter und das Verhältniss zu seinen Ungunsten verschiebender Weise an der Anzahl der die **Mündungen** passirenden Schiffe gemessen. [21])

---

[21]) Genaue Messungen sind schwer. In den **Mittheilungen** XI, S. 792, wird für 1882 die Zahl aller Flussfahrzeuge, welche auf der unteren Donau zwischen dem Eisernen Thore und der **Sulina-Mündung**, dann auf dem **Pruth** verkehren, auf 76 Dampfer von 5113 Pferdekräften, 464 Schleppschiffe von 165.526 Tonnen, 332 sonstige Schiffe von 64.145 Tonnen angegeben. Hiervon entfallen auf die Flaggen der angrenzenden Uferstaaten 14 Dampfer von 485 Pferdekräften, 33 Schleppschiffe von 6152 Tonnen, 176 sonstige Schiffe von 37.596 Tonnen; auf die österreichisch-ungarische Flagge 28 Dampfer von 2995 Pferdekräften, 144 Schleppschiffe von 63.480 Tonnen; auf die griechische Flagge 30 Dampfer von 1431 Pferdekräften, 281 Schleppschiffe von 86.384 Tonnen, 132 sonstige Schiffe von 23.092 Tonnen. Es bietet dies aber bei Weitem kein richtiges Bild; man muss namentlich die Schiffahrt auf dem Pruth mit theils rumänischer, theils griechischer Flagge und die Donauschiffahrt zwischen Braïla und Sulina, dann den Unterschied in den von den Schiffen durchlaufenen Strecken in Betracht ziehen. Folgendes gewährt einen weiteren Anhaltspunkt, wobei die hohen Ziffern sich daher erklären, dass jedes Schiff so oft gezählt wird, als es anläuft. In dem Hafen von Giurgevo beträgt die mittlere jährliche Zahl der Schiffe für die Jahre 1875, 1876 und 1878—1880 ungefähr 998, die Zahl der österreichisch-ungarischen 432, die der griechischen 200 (1880: 335). Für 1881 finden wir im Ganzen 1221 Schiffe, darunter 618 österreichisch-ungarische (614 Dampfer und Schleppe), 100 griechische Dampfer und Schleppe, 354 bulgarische Segelschiffe. Die österreichischen Schiffe besorgten etwa drei Viertheile des Gesammttransportes. In dem Hafen von Turn-Severin (beim Eisernen Thor) werden für 1882 neben den Schiffen der österr.-ungar. Dampfschiffahrts-Gesellschaft (516 von oben und 292 von unten angekommene Post-, Fracht- und Schleppschiffe) nur 8—10 kleine griechische

Es könnte neben Oesterreich-Ungarn, was Flussschiffahrt und Flusshandel betrifft, nur noch Deutschland in Betracht kommen. Seine geringe Betheiligung wird aber schon durch die von Fürst Bismarck in einer bekannten Bemerkung auf dem Berliner Congresse bezeugte Thatsache, dass die von oberhalb Regensburg kommenden deutschen Schiffe nicht donauabwärts gehen, um deutsche Waaren in den Orient zu exportiren und durch die weitere Thatsache erhärtet, dass westphälische Eisenwaaren über Rotterdam und das Meer nach Rumänien exportirt werden, rumänisches Getreide ebenfalls über das Meer und Rotterdam nach Mannheim und selbst nach München gelangt.[22])

Oesterreich ist also auf Grund seiner eigenen, vorzugsweise durch seine natürliche Lage hervorgerufenen sehr bedeutenden Interessen zur Theilnahme an der neuen Commission berechtigt. Es ist eben unrichtig, wenn Holtzendorff (S. 96) in einer überdies ungenauen Darstellung als Gegensatz hierzu geltend macht, dass in der europäischen Commission nur allgemeine internationale Interessen vertreten sind. Denn sie werden dort auf Grund eigener Interessen der betheiligten Mächte vertreten. Gerade so wenig ferner, als die Mächte auf Grund einer Wahl in die europäische Commission berufen erscheinen, gerade so wenig kann dies von Oesterreich für die neue Behörde verlangt werden.

Auch die anderen hervorgehobenen Organisationsprincipien sind im Londoner Vertrage gewahrt. Das Uebergewicht des durch die Nichtuferstaaten vertretenen isolirten Handels- und Schiffahrtsinteresses in der gemischten Commission wird gesichert durch die Verbindung mit der europäischen Commission, durch strenge Festhaltung des Majoritätsprincips und durch den Umstand, dass drei Uferstaaten gegenüberstehen,

---

Schleppschiffe verzeichnet. (Mittheilungen, VIII, S. 154, IX, S. 330, X, S. 285, XI, S. 678). — Für den Flusshandel sind natürlich diese Ziffern nicht massgebend; es handelt sich bei ihnen grossentheils um Zufuhr zu den Seeschiffen. Der Flusshandel besteht übrigens fast nur im Verkehre mit der oberen Donau; circa 250 Mill. Kg. passiren jährlich das Eiserne Thor; der locale Handel zwischen den Hafenplätzen der unteren Donau ist bei der Gleichartigkeit der abzugebenden Artikel (Naturproducte) nur gering. (Götz, l. c. S. 443.)

[22]) S. Götz l. c. S. 449, 463.

von denen nicht zu erwarten ist, dass sie alle dem Handels- und Schiffahrtsinteresse rein territoriale Interessen vorziehen werden. Das ungebührliche Vordringen particulärer Interessen wird gewiss genügend durch die Anzahl der Theilnehmer und ihr gleiches Stimmrecht abgewehrt. Wenn man selbst glauben will, dass politische Freundschaft Serbien und Deutschland immer auf Seite Oesterreichs drängen werde, so bedeutet das noch immer nicht viel, denn Deutschland ist nur einer der sechs alternirenden Staaten der europäischen Commission, und wenn es auch vermöge der alphabetischen Ordnung zuerst in die gemischte Commission eintreten und an den derselben zunächst bevorstehenden wichtigen Aufgaben einer Geschäftsordnung und allgemeiner Instructionen mitwirken wird, so sind gerade dies Aufgaben, welche nach dem Londoner Vertrage der Ueberprüfung seitens der europäischen Commission unterliegen.

III.

Wenn man nicht der Ansicht ist, dass der Auftrag, die auszuarbeitenden Reglements mit denen des maritimen Donautheiles in Uebereinstimmung zu setzen, zu genügenden Schlüssen führe und insbesondere die Forderungen Oesterreichs rechtfertige, so fragt es sich, ob sie nicht in sonstigen allgemeineren Rechtsbestimmungen gegründet sind.

Der Pariser Vertrag von 1856 hat die Flussrechtsgrundsätze, die in dem vorletzten Abschnitte der Wiener Congressacte enthalten sind, auf die Donau für anwendbar erklärt. Er stipulirt weiters gewisse die Schiffahrtsfreiheit erweiternde Bestimmungen und gewisse wichtige Durchführungsvorschriften, namentlich die Systemisirung einer provisorischen europäischen Commission auf den Mündungen des Stromes und einer permanenten Uferstaatencommission für den ganzen Strom, welche zunächst die Schiffahrts- und Polizeireglements auszuarbeiten und die der Anwendung der Wiener Principien auf die Donau entgegenstehenden Hindernisse zu beseitigen hatte, sodann überhaupt in gewisser Weise permanent auf dem Strome wirken und auch die Erbschaft der europäischen Commission antreten sollte. Es ist bekannt, wie das Provisorium der europäischen Commission immer weiter hinaus erstreckt wurde; wie andererseits die Donauschiffahrtsacte von 1857, durch deren Ausarbeitung die Uferstaaten-Commission ihre erste Aufgabe erfüllen wollte, nicht zur Zufriedenheit der Mächte ausfiel, wie durch Artikel 5 des Londoner Vertrages vom 13. März 1871 die Bedingungen des Wiederzusammentrittes dieser Commission einem vorgängigen Einvernehmen zwischen den Uferstaaten überlassen worden sind und die völlige Durchführung des Pariser Vertrages einer ungewissen Zukunft überantwortet erscheint.

Was nun die Anwendbarkeit älterer Verträge in dem gegenwärtigen Streite betrifft, so erklärt die rumänische Regierung, dass die Bestimmungen des Wiener, Pariser und Londoner Vertrages als Norm zur Lösung derjenigen Fragen dienen müssen, über die sich der Berliner Vertrag nicht formell ausspricht.[23]) Auch Dahn (S. 14) betrachtet diese Verträge nebst dem Berliner Vertrag als die „völkerrechtlichen Voraussetzungen, Grundlagen und Vorgänger" der auf die gegenwärtige Angelegenheit bezüglichen Vereinbarungen. Holtzendorff behauptet direct, dass das Recht der Uferstaaten vom Eisernen Thore abwärts in Gemässheit der Wiener Congressregeln zu gestalten sei (S. 94, vgl. S. 57, 79, 80).

Wollte man die wirklich noch vorhandene Kraft aller die Donauschiffahrt betreffenden Verträge gründlich untersuchen, so würde das sehr ausführliche Erörterungen heischen. Mir scheint aber Folgendes sicher und zureichend. Die Bestimmungen des Pariser Vertrages sind fortdauernd für rechtsverbindlich angesehen worden. Ihre völlige Durchführung wurde für eine spätere Zukunft in Aussicht genommen und auch während des Provisoriums wurden sie als massgeblich betrachtet, angerufen und berücksichtigt, soweit dies die das Provisorium anerkannter Massen kennzeichnenden factischen und durch die nachgefolgten Vereinbarungen auch rechtlich gestalteten Momente, insbesondere die Wirksamkeit der europäischen Commission und die Nichtwirksamkeit der Uferstaaten-Commission zuliessen.[24]) Wenn nun in Artikel LV

---

[23]) S. die Note vom 25. Mai 1881, vgl. die Note vom 17. November 1882 (bei Dahn S. 58, 64, 66).

[24]) Vgl. in dieser Beziehung die türkische Erklärung im 18. Protokolle der Pariser Conferenzen von 1858 (Martens N. R. G. XVI, 2, S. 49); Art. 6 des Londoner Vertrages vom 13. März 1871; die im Jahre 1877 betreffs der

des Berliner Vertrages einer internationalen Commission der Auftrag ertheilt wird, die Reglements für die Strecke vom Eisernen Thore auszuarbeiten, so liegt darin offenbar eine Beziehung zu jenen immer als rechtsverbindlich betrachteten Bestimmungen des Pariser und mittelbar des Wiener Vertrags, welche die Ausarbeitung solcher internationaler Reglements anordnen. Diese Reglements sollen nun theilweise, für einen Flusstheil, auf neuem Wege ausgearbeitet und es sollen daher auch neben und hinter dem speciell hinzugesetzten Princip der Harmonie mit dem Rechte der Mündungen jene Bestimmungen hierbei beobachtet werden, welche in Gemässheit der älteren Verträge anzuwenden sind, natürlich in der Weise, wie dies der Natur der Aufgabe, der blossen Regelung eines Flusstheiles entspricht.

Von jenen Bestimmungen, welche der Pariser Vertrag über die Organisation und über die Functionen der Uferstaaten-Commission enthält, wird freilich kein Gebrauch gemacht werden können; denn — abgesehen von anderen Gründen — sind dieselben, wie insbesondere auch ihre Geschichte zeigt [20]), so eng mit der allgemeinen ehemaligen Aufgabe, eine einheitliche Ordnung für die ganze Donau unter den damaligen concreten Verhältnissen herzustellen, verknüpft, dass sie sich in gar keiner Weise auf den gegenwärtigen Fall anwenden lassen, dass sich gar nicht aus ihrem Inhalt bestimmen lässt, was festgesetzt worden wäre, wenn der jetzt in Frage stehende Donautheil unter den jetzigen Verhältnissen zu regeln gewesen wäre. Auch die Principien der Wiener Congressacte beziehen sich auf den Fall, wo der ganze schiffbare Fluss geregelt wird. Aber als unmittelbarer Ausdruck der allgemeinen Ideen des Flussrechts lassen sie sich

---

[1] Freiheit der Donauschiffahrt während des russisch-türkischen Krieges erflossenen Noten, Staatsarchiv XXXII, Nr. 6436, 6441, 6447, 6452, 6454, 6457, 6458, 6464; den Motivenbericht der österreichischen Regierung zum Schiffahrtsvertrage mit Serbien (Protokolle des Abgeordnetenhauses IX. Session, Beilage Nr. 503) u. s. w.

[25]) Vgl. Art. I, al. 1, Art. XIII, al. 5, 6 des österreichisch-baierischen Schiffahrtsvertrages vom 2. December 1851 (Martens N. R. G. XVI, 2, S. 63); Punkt 5 des Wiener Conferenz-Entwurfes und -Beschlusses von 1855 (ebendas. XV, S. 650, 656.)

ihrem Geiste nach auch auf einen Fall, wie der gegenwärtige, in Anwendung bringen.

Hier concentrirt sich das juristische Interesse der ganzen Frage; hier wird sie zu einer typischen. Es handelt sich darum, was für Bestimmungen über den Vollzug der Reglements in der Wiener Congressacte enthalten sind, und was ihrem Geiste entspricht, wenn zunächst nur einzelne Uferstaaten verpflichtet werden, sie auf ihrem Flusstheile durchzuführen.

Dagegen kann ich weder eine allgemeine noch eine specielle Bedeutung den von den Vertheidigern Rumäniens nachdrücklich hervorgehobenen Präcedentien, der Art und Weise, wie auf anderen Flüssen die Wiener Vorschriften angewendet wurden, zuerkennen.

Holtzendorff (S. 12 ff.) behauptet die „Thatsache", dass in allen streitigen und zweifelhaften Fällen keiner nachgewiesen werden könne, wo die Uferstaaten durch gewaltsame Aufnöthigung territorialer Beschränkungen oder durch Berufung auf eine der Stimmenmehrheit zukommende Autorität verletzt worden wären; dass sämmtliche aus den Principien des Wiener Congresses abgeleiteten Flussschiffahrtsacten auf der freien Vereinbarung aller einzelnen Uferstaaten beruhen. — Nun ist es gewiss richtig, dass bei Abschluss eines Flussschiffahrtsvertrages die Majorität der betheiligten Staaten der Minorität ihren Willen nicht auferlegen kann. Aber dazu bedarf es keines Beweises aus Präcedenzfällen, das folgt aus dem Begriffe des Vertrages. Es ist ferner wahr, dass kein Krieg wegen Schiffahrtsstreitigkeiten geführt worden ist. Dieses reine Factum, welches bei genug anderen Völkerrechtssätzen zutrifft, ist aber ein völlig gleichgiltiges. Die Rechtsnatur der Wiener Congressbestimmungen soll aber durch diese Bemerkung, durch diese Hervorhebung des Princips der freien Vereinbarung (vgl. auch Holtzendorff S. 80, 125, Dahn S. 42) doch wohl nicht in Zweifel gezogen werden. Die Wiener Principien sind bindende Vertragsrechtssätze, welche die zu treffenden näheren Vereinbarungen bestimmen; es besteht keine volle Freiheit in Bezug auf diese Vereinbarungen mehr, mit allen völkerrechtlichen Zwangsmitteln können jene Principien durchgesetzt werden. Dies ist ganz selbstverständlich, wurde übrigens in der Congresscommission selbst hervorgehoben.[26]) Wie energisch der Rechtsstandpunkt gewahrt worden ist, mag beispielsweise die ungewöhnliche Betonung desselben in der Einleitung zur Rheinschiffahrtsacte von 1831[27]) zeigen. Auch ein thätliches Vorgehen im Interesse der Schiffahrtsfreiheit, wenn auch nicht gerade mit Rücksicht auf die Wiener Grundsätze ist, wie vor, so nach 1815 nichts Unerhörtes.[28])

Holtzendorff fährt an jener Stelle (S. 13) fort, es habe sich die Staatspraxis der zumeist an der Flussschiffahrt interessirten Länder, eine mit zäher Consequenz festgehaltene und beständig bethätigte Interpretationsmaxime befolgend, dafür entschieden, im Zweifel den Rechtsbefugnissen des Uferstaates in der Bethätigung seiner Machtvollkommenheit den Vorrang zu lassen vor den aus dem Principe der Verkehrsfreiheit hergeleiteten Forderungen der Handeltreibenden; eine Auffassung, die in der Beschwerdepraxis gegen die Uferstaaten mit Zähigkeit festgehalten worden sein soll. — Wenn man von einer befolgten Maxime dieser Art spricht, so kann es nur darauf ankommen, was gefordert wurde, nicht was man sich von einem Uferstaate gefallen liess, weil er doch die Sache in Händen hatte und zur *ultima ratio* nicht gegriffen werden wollte; Holtzendorff meint es auch offenbar in diesem Sinne. Da aber wird sich gewiss entfernt nicht beweisen lassen, dass nur das gefordert worden ist, was zweifellos in den geltenden Principien des Flussrechtes begründet war. Man nehme nur — gerade umgekehrt — den gegen Holland erhobenen und schliesslich durchgesetzten Anspruch der Rheinuferstaaten auf Einbeziehung der Waal-Mündung, der doch fast zweifellos dem widerspricht, was mit Rücksicht auf die Verhandlungen der Wiener Congresscom-

---

[26]) S. Klüber, Acten III, S. 29, 89; vgl. die türkischen Noten bei Wurm, Fünf Briefe über die Freiheit der Flussschiffahrt (1858) S. 9 ff.

[27]) Martens N. R. IX, S. 252. — Vgl. übrigens Engelhardt l. c. S. 59 f.

[28]) Vgl. den Hessen-Nassauischen Conflict bei Engelhardt l. c. S. 147, Anm. 1, den Streit über die Koblenzer Mauthrevisionen (Kolb in Rotteck's und Welcker's Staatslexikon 1. Auflage, XIII, S. 787) auch einen englischen Erlass vom 5. Mai 1836 über die russischen Donauabgaben im französischen Portfolio III (1836), S. 152.

mission unter der Bezeichnung des „Rheins" zu verstehen war.[29]) Und die europäische Commission an den Donaumündungen hat sich — unter Kämpfen — auf der schmalen Basis des Pariser Vertrages zu ihrer gegenwärtigen Stellung erhoben. An und für sich wäre übrigens gegen jene Interpretationsregel, wenn sie richtig angewendet wird, gar Nichts einzuwenden, da das Flussschiffahrtsrecht in seiner praktischen Ausgestaltung auf vertragsmässigen, daher nach den Grundsätzen über die Auslegung der Verträge zu interpretirenden Beschränkungen der Souveränetät beruht.[30]) Aber es macht sich noch gerade, mindestens in der Theorie, ein besonderer Favor für die Schifffahrtsfreiheit bemerkbar.[31])

Besonders gerne wird von der rumänischen Regierung[32]) wie von den Schriftstellern (Dahn S. 42 f., Holtzendorff S. 13, 57, 95, 125, Geffcken S. 36, Catellani S. 129, 131) das Unerhörte der österreichischen Ansprüche betont. Nur die europäische Commission wird etwa als Präcedenzfall zugegeben, zugleich aber seine Bedeutung abgeschwächt, indem die eigenthümlichen Verhältnisse, unter denen er entstanden ist, betont werden. In letzterer Beziehung soll nicht auf alle Einzelheiten eingegangen, immerhin indess darauf hingewiesen werden, dass diese Commission 1878 auch Rumänien gegenüber und noch dazu mit erweiterter Machtfülle beibehalten wurde. Die Behauptung selbst aber muss als theils unrichtig, theils bedeutungslos bezeichnet werden. Was die erste Frage betrifft, ob eine unmittelbare Vollzugsgewalt einer internationalen Behörde anvertraut werden soll, so bieten die den Po und namentlich die den Pruth betreffenden Stipulationen, in welchen dies in bedeutendem Masse geschieht[33]), Analogien,

---

[29]) S. Klüber l. c. S. 212 f.; vgl. Art. 19, auch Art. 3 des Rheinreglements von 1815 (ebenda S. 257).

[30]) Vgl. unten Note 42; auch die Bemerkungen im Memoire der Londoner Conferenz vom 4. Jänner 1832 (Schelde-Schiffahrt) bei Martens N. R. XII, S. 312 f.

[31]) S. Calvo, Droit international I, §. 260; Fiore, Diritto internazionale pubblica, II, §. 749.

[32]) S. die Noten vom 1. Februar 1883 und vom 24. Mai 1883 (bei Dahn S. 86, 118 f.).

[33]) Vertrag zwischen Oesterreich, Modena und Parma vom 3. Juli 1849 (Martens N. R. G. XIV, S. 525), Art. V—IX, auch Art. XX u. s. w.;

welche Jellinek mit Recht hervorhebt. Was die zweite Frage, die Theilnahme Oesterreichs an der zu creirenden Commission betrifft, so lässt sich freilich kein passender Präcedenzfall vorführen. Auch die europäische Commission kann nicht in Betracht gezogen werden, denn die Zusammensetzung derselben ist zugegebener Massen nicht auf Grundlage der Wiener Principien bestimmt worden. Aber es liegt auch nirgends ein Thatbestand wie der gegenwärtige vor, wo die Uferstaaten eines schiffbaren Flusstheiles den anderen gegenüber verpflichtet wurden, ihre Flussstrecke nach den Wiener Principien regeln zu lassen [34]), von anderen in Betracht kommenden Umständen ganz zu geschweigen.

Wir übergehen nun zur Analyse und Anwendung der in der Wiener Congressacte niedergelegten Bestimmungen.

1. Die rumänische Regierung [35]) glaubt das von der Acte für die internationalen Flüsse sanctionirte Regime in den hier fraglichen Beziehungen dahin zusammenfassen zu können, dass den Uferstaaten der Vollzug der Reglements zustehe, während daneben eine aus ihren Delegirten bestehende Centralcommission mit sorgfältig definirten Befugnissen die Controle, die Ueberwachung übt.

Diese Behauptung ist offenbar unrichtig. Der einzige in Betracht kommende, wirklich auf alle internationalen Flüsse bezügliche Artikel 116 der Congressacte deutet mit keinem Worte einen Unterschied zwischen Vollzug, d. h. unmittelbarem Vollzug und Controle an. Wollte man — ungehöriger Weise — auf die für einzelne Flüsse damals ausgearbeiteten

---

Stipulationen zwischen Oesterreich, Moldau-Wallachei und Russland vom 15. December 1866 (Martens N. R. G. XX, S. 296) Punkte 7, 8, 9, 13, 17 u. s. w.; Pruthreglement vom 9. Februar 1871 (Martens l. c.) Art. 63, 65, 67, 82 u. s. w.; Reglement für die Cassenverwaltung auf dem Pruth vom 9. Februar 1871 (Neumann et Plason *Rec. autr.* N. S. VII, S. 207) §. 1.

[34]) Vgl. unten nach Note 56. Baiern und Württemberg gegenüber befanden sich 1855 die Uferstaaten der unteren Donau nicht in dieser Lage. Man bemerke aber doch den Unterschied in der Art und Weise wie von österreichischer Seite auf den Wiener Conferenzen dem englischen Wunsche, in der permanenten Commission vertreten zu sein, mit Berufung auf die Principien des Wiener Congresses begegnet wird, während die russische Anregung betreffs der deutschen Donaustaaten mit allgemeinen Erwägungen zurückgewiesen wird (Martens N. R. G. XV, S. 648 f.).

[35]) Note vom 25. Mai 1882, S. 58 f.

und in der Congressacte nur allgemein sanctionirten Reglements eingehen, so steht hier die Sache folgendermassen. Im Rhein-Reglement findet sich wohl eine Uferstaaten-Commission zur Controle, auch mit einer gewissen Gerichtsbarkeit; daneben, um permanent über die Aufrechterhaltung des Reglements zu wachen, andere internationale Organe, insbesondere ein Oberinspector, der von der Commission nach Mehrheit der hiebei in einem ungefähren Verhältniss zur Uferlänge jedes Staates vertheilten Stimmen ernannt wird, ferner drei Subinspectoren für den Ober-, den Mittel- und den Niederrhein, die nach demselben Princip, aber nicht collectiv von allen Staaten ernannt werden. Aber in dem zweiten, gemeinsam für mehrere kleinere Flüsse ausgearbeiteten, kurzen Reglement sind internationale Aufsichtsbehörden zum Theile gar nicht und zum Theile mindestens nicht ausdrücklich vorgesehen.[36])

Holtzendorff (S. 79) behauptet, dass Artikel 116 der Wiener Congressacte in klaren Worten das massgebliche Princip verzeichne, wonach die Ausführung der Schiffahrts- und Polizeireglements **jedem Uferstaate in seinen eigenen Gewässern** zukommt, und er fügt an anderer Stelle (S. 82) hinzu, dass ein **Beaufsichtigungsreglement** im Wiener Congress nicht vorgesehen worden sei.

Artikel 116 lautet: „*Tout ce qui est indiqué dans les articles précédens, sera déterminé par un règlement commun, qui renfermera également tout ce qui aurait besoin d'être fixé ultérieurement. Le règlement, une fois arrêté, ne pourra être changé que du consentement de tous les états riverains, et ils auront soin de pourvoir à son exécution d'une manière convenable et adaptée aux circonstances et aux localités.*"

Gingen dem Artikel 116 nur solche Bestimmungen voran, welche sich auf den Inhalt des zu vereinbarenden Reglements beziehen, so müsste seine **Schlussbestimmung** zwar nicht ganz im Sinne **Holtzendorff's**, aber doch nur von der jedem Uferstaate **einzeln** zukommenden Pflicht für den Vollzug des vereinbarten Reglements, für die Erfüllung des Ver-

---

[36]) Vgl. auch Klüber, Acten III, S. 213.

trages, zu sorgen, verstanden werden. Es wäre zwar nicht ausgeschlossen, dass das Reglement selbst Vereinbarungen über den Vollzug und insbesondere über internationale Vollzugsbehörden enthielte. Aber eine Pflicht unter gewissen Umständen solche zu treffen, könnte auf die fragliche Schlussbestimmung nicht gestützt werden. Nach natürlichem Gedankengange bezöge sich der ganze Schlusssatz auf den Rechtszustand nach Vereinbarung des Reglements, und da vorausgesetzt wird, dass das Reglement alle nothwendigen Vereinbarungen enthalten solle, so könnte nicht er die Pflicht zu irgend welchen Vereinbarungen begründen.

Aber der Artikel 116 ist zu dem alle Flussrechtsbestimmungen der Wiener Congressacte einleitenden Artikel 108 in Beziehung zu setzen. Nach diesem haben die Staaten, deren Gebiet von demselben schiffbaren Flusse geschieden oder durchzogen wird, behufs Regelung der Schifffahrt Commissäre zu ernennen *„qui prendront pour bases de leurs travaux les principes établis dans les articles suivans.“* Wie alle Flussrechtsregeln der Acte, so ist auch die Schlussbestimmung des Artikels 116 hienach ein **beim Vertragsabschlusse zu Grunde zu legendes** Princip. Es müssen daher alle jene **Vereinbarungen** getroffen werden, welche nothwendig sind, wenn die Vertragsstaaten für eine angemessene, den Umständen und Oertlichkeiten angepasste Form des Vollzuges sorgen müssen. In sehr feiner Art lässt der Zusammenhang des Artikels 116 zugleich hervortreten, dass möglicher Weise gar keine Bestimmung über den Vollzug auf Grund jenes Princips in das Reglement aufzunehmen sein wird. Es kann eben angemessen sein, dass der Vollzug durchaus jedem einzelnen Uferstaate überlassen werde.

Diese Auffassung findet zunächst eine Unterstützung in der Geschichte der Redaction. Man ist bei derselben sehr vorsichtig verfahren. Der Artikel 1 des von der Commission des Congresses ausgearbeiteten Reglements, welches sich als die ursprüngliche, sehr wenig veränderte Form der fraglichen Artikel der Schlussacte darstellt und derselben auch angehängt ist, besagt, dass die Commissäre, *„prendront pour bases de leurs travaux les principes suivans.“* In dem entsprechenden Artikel 108 der Acte sind diese Worte in der angeführten Weise geändert, so dass von *„principes établis dans les articles suivans"* die Rede ist. Vernünftiger Weise erklärt sich diese Aenderung nur daraus, dass auf Artikel 116, welcher das Reglement als Artikel 9 beschliesst, in der Schlussacte noch ein weiterer, auf das Flussrecht bezüglicher Artikel folgt, der kein Princip enthält und nur die speciellen Reglements für den Rhein und die anderen Flüsse sanctionirt. Wie immer dem sei, jedenfalls hat man auf eine correcte Art sich auszudrücken Bedacht genommen, und es muss daher feststehen, dass wirklich alle das Flussrecht betreffenden Artikel, welche Principien enthalten, unter die allgemeine Bestimmung des Artikels 108 fallen.

Der Grundsatz, den Artikel 116 über den Vollzug aufstellt, bezieht sich sinngemäss auch auf die Vollzugsorgane, scheint sich sogar, wenn man die Worte *„auront soin de pourvoir"* berücksichtigt, in erster Linie auf diese zu beziehen; wie denn auch der Natur der Sache nach eine internationale Reglementation des Vollzuges immer vorzugsweise die Organe betreffen wird. Er geht ebensowohl auf Bestellung von Organen für den unmittelbaren Vollzug, wie von Aufsichtsorganen. Dem hergebrachten Sinne nach umfasst die *„exécution"* auch die Aufsicht. Die Thätigkeit der Inspectoren wird in Artikel 16 des Rhein-Reglements von 1815 als *„administration"* bezeichnet und in Artikel LXXXIX der Rhein-Schiffahrtsacte von 1831 werden die Centralcommission und die Inspectoren unter den „zur Vollziehung der gegenwärtigen Ordnung" concurrirenden Organen genannt.

Die Convenienz, welche sonach über die Organisation und über die Befugnisse der zu schaffenden Organe zu entscheiden hat, ist formell nur nach zwei Seiten begrenzt. Nach Artikel 113 der Congressacte wird jeder Uferstaat mit dem Unterhalt der Leinpfade, die durch sein Gebiet gehen, und in derselben Ausdehnung mit den im Flussbette nothwendigen Arbeiten betraut; eine Bestimmung, die die Bestellung gemeinsamer Behörden für den unmittelbaren Vollzug auf Grund der blossen Convenienz nach diesen Richtungen hin ausschliesst. Nach dem Texte des Artikels 116 sind es ferner immer nur die Uferstaaten und alle Uferstaaten, die für den Vollzug des Reglements zu sorgen haben. Nichtuferstaaten sind ausgeschlossen, in demselben Sinne, dass kein Uferstaat auf Grund der Convenienz genöthigt werden kann, sie zum Vollzuge auf seiner Flussstrecke zuzulassen. Der ganze Zusammenhang des Artikels 116 bestätigt diese Auffassung, die übrigens selbstverständlich der allgemeinen europäischen Controle über die Aufrechthaltung der Wiener Principien nicht präjudicirt.

Das sind die einzigen formellen Grenzen.[37]) Eine grosse Menge von Vollzugsarten findet innerhalb derselben Platz. Wenn es gerade die angemessene, den Umständen und Oertlichkeiten angepasste Form des Vollzuges ist, so muss auch der unmittelbare Vollzug des Reglements, abgesehen von der Ausnahme des Artikels 113, gemeinsamen Behörden überantwortet werden. Es ist nicht absolut nothwendig, dass jeder Uferstaat an jeder gemeinsamen Behörde theilnehme, noch dass jeder in vollkommener Reciprocität eine gleiche Gewalt auf den Flussstrecken jedes anderen ausübe, als er auf seiner Flussstrecke von dessen Seite dulden muss. Alle diese Ideen können nur auf die Bestimmung dessen, was angemessen ist, Einfluss nehmen.

2. Die allgemeinen Zeitideen und die Geschichte der Wiener Verhandlungen tragen bei, den bezeichneten Sinn der uns beschäftigenden Bestimmung zu beweisen und dienen dazu, ihren Geist zu erfassen.

Gegen Ende des 18. Jahrhunderts macht sich der Gedanke, dass die Flussschiffahrt für alle Uferstaaten frei sein müsse, mit grosser Kraft geltend. Der Fluss ist eine natürliche Verbindungsstrasse für alle Bewohner seiner Ufer; und die Territorialhoheit soll sie nicht der Gaben berauben, die ihnen die Natur gespendet hat. Die Schelde- und Mississippifrage, das Decret der französischen Republik vom 16. November 1792, die zur Zeit der Republik und des Empire geschlossenen Verträge[38]) bezeichnen den Fortschritt der Idee. Es ist nicht eine einfache Formel, sondern man denkt daran, die mannig-

---

[37]) Was die Gleichförmigkeit des Systems betrifft, welche Art. 110 der Acte für den ganzen Lauf des Flusses vorschreibt, so ist sie nur obligatorisch „*autant que faire se pourra*", was unter den Begriff der Convenienz fällt.

[38]) S. Carathéodory: *Du droit international concernant les grands cours d'eau* (1861) S. 100 ff.

fachen Hindernisse zu beseitigen, welche sich einer wirklich freien Schiffahrt entgegenstellen. Das Mass der kraft der Schiffahrtsfreiheit zukommenden Rechte, der Grad derselben ermangelt freilich einer allgemein giltigen Bestimmtheit.[39]

Zu gleicher Zeit findet sich eine zweite Idee. Man betrachtet den Fluss oder eine Flussstrecke als ein den betheiligten Uferstaaten „in Bezug auf Schiffahrt und Handel gemeinsames" Ganzes.[40] Es handelt sich nicht um eine Redensart noch um eine Reminiscenz aus dem römischen Recht. Es ist oder es wird mindestens ein wirklicher juristischer Gedanke, der als breite Basis für das Schiffahrtsrecht und für die schützenden Principien dient, mit denen man es gegen den souveränen Willen der einzelnen Uferstaaten umgibt. Fasst man ihn in seiner ganzen Schärfe, so bedeutet er, dass die Ausübung der Hoheitsrechte, insoweit sie die Schiffahrt treffen, den Uferstaaten gemeinsam wird, wozu als nothwendige Ergänzung die Verbindung derselben zur gemeinsamen Erfüllung der auf die Schiffahrt bezüglichen staatlichen Aufgaben tritt. In solcher Schärfe wird nun freilich die Idee nicht durchgeführt. Man will nur mehr oder weniger Consequenzen aus ihr ziehen.

Die Aufgabe der Wiener Congresscommission bestand in der Ausführung jener Bestimmungen des Pariser Vertrages

---

[39] In einem Berichte des amerikanischen Staatssecretärs von 1791 (bei Lyell: *The diplomacy of the United States*, I. 1828, S. 236 ff.) finden sich mehrere darauf bezügliche Principien einer neben dem anderen: .... *were it (the right of navigation) to be refused, or to be so shackled by regulations not necessary for the peace or safety of (the) inhabitants, as to render its use impracticable to us, it would then be an injury, of which we should be entitled to demand redress. The right of the upper inhabitants to use this navigation is the counterpart to that of those, possessing the shores below, and founded in the same natural relations with the soil and water. And the line at which their rights meet is to be advanced or withdrawn, so as to equalize the inconveniences resulting to each party from the exercise of the right of the other.*

[40] S. den Teschener Vertrag zwischen der Kaiserin und dem Churfürsten von der Pfalz vom 13. Mai 1779, Martens *Rec.* II, S. 669, Art. V.; das citirte französische Decret (bei Carathéodory S. 161); den Reichsdeputationshauptrecess vom 25. Februar 1803 (Martens Suppl. III, S. 231), §. XXXIX; den Vertrag über den Rheinschiffahrts-Octroi vom 15. August 1804 (ebenda Suppl. IV. S. 36), Einleitung und Artikel II; den Vertrag zwischen Preussen und Westphalen vom 14. Mai 1811 (ebenda N. R. I, S. 382) Art. VII und XV.

von 1814, welche die freie Rhein- und Scheldeschiffahrt und die Anwendung der in dieser Beziehung festzustellenden Principien auf die anderen internationalen Flüsse betrafen. Ausgangspunkt ist sonach der einfache Gedanke der Schiffahrtsfreiheit. Daneben tritt aber die Idee, dass „eine Gesellschaft" zwischen den Uferstaaten, ein „Miteigenthum" bestehe, dass der Fluss ein „Gesammtganzes" bilde, in den Verhandlungen der Commission mächtig hervor.[41]) Beide Ideen beziehen sich auf den ganzen Flusslauf, beide können nur zur Erklärung der getroffenen Vereinbarungen dienen, sie sind nicht als über das wirklich Festgesetzte hinaus selbstständig wirkende Principien gedacht.[42]) In subjectiver Beziehung bleibt die Commission bei der alten Auffassung stehen, dass Nichtuferstaaten kein gleiches Recht mit Uferstaaten besitzen, indem sie die wohl weitergehende Bestimmung des Pariser Vertrages in dieser Weise interpretirt.

Gleich von Anfang an beschäftigt sie sich mit der Frage der Einsetzung gemeinsamer, dem Vollzuge vorstehender Behörden. Man hatte die Rheinconvention von 1804 vor Augen, und diese hatte in ausführlicher Weise über diesen Gegenstand gehandelt und eine Generaladministration mit sehr ausgedehnten Machtbefugnissen angeordnet.

Zwei Entwürfe wurden der Commission vorgelegt. Das Memoire des preussischen Bevollmächtigten, Humboldt, berührt diesen Punkt nicht. Humboldt prüft vorzugsweise die Principien, welche für alle internationalen Flüsse festgesetzt werden können, und er musste es als unmöglich betrachten, über den fraglichen Punkt einen mit den anderen Principien gleichartigen Grundsatz zu fixiren. Dagegen spricht sich der zweite, vom französischen Bevollmächtigten, dem Herzoge von Dalberg, vorgelegte, vom Rhein ausgehende Entwurf energisch über die Frage aus. Artikel 6 desselben bestimmt: „*Le Rhin devant, pour l'avantage de la navigation,*

---

[41]) S. Klüber l. c. III, besonders S. 13 ff., 29, 90, 99 f., 199.

[42]) Humboldt hebt gewiss nicht ohne Beziehung zu dieser Frage in seinem dem Congress vorgelegten Memoire hervor, „dass kein Uferstaat in der Ausübung seiner Souveränetätsrechte bezüglich des Handels und der Schiffahrt über die in dem Vertrage enthaltenen Verbindlichkeiten hinaus beengt sein soll" (Klüber l. c. S. 25 f.).

former, dans tout son cours, un parfait ensemble, il est arrêté que son administration et tout ce qui se rapporte à sa police et à la perception des droits, continuera à être confié à une autorité centrale." Ebenso sollen die später von den souveränen „Miteigenthümern" der anderen grossen Flüsse einzusetzenden Commissionen in den Reglements aufnehmen *„la formation d'une administration centrale, à l'instar de celle établie sur le Rhin, et chargée exclusivement de tout ce qui se rapporte à la navigation."*

Der Dalberg'sche Entwurf wurde zur Grundlage der Berathungen genommen. Aber Artikel 6 rief Einwendungen hervor. In Bezug auf den Unterhalt der Leinpfade und andere den angemessenen Zustand der Ufer betreffende Gegenstände kam man sofort [43]) überein, die Obsorge hierfür jedem Souverän rücksichtlich des von ihm besessenen Uftertheiles zu überlassen. Andererseits waren alle Bevollmächtigten einverstanden, dass man auch nach Vereinbarung des Reglements die Interessen der Schiffahrt nicht jedem Uferstaate insbesondere ganz überlassen könne, dass es einen Vereinigungspunkt, *„une centralité quelconque"* geben müsse. Alle denken auch mindestens an die Schöpfung einer periodisch zusammentretenden, aus den Delegirten aller Uferstaaten zusammengesetzten Commission. Im Uebrigen werden mannigfache und detaillirte Bemerkungen und Entwürfe vorgebracht.

Die allgemeinsten Ideen über das gestaltende Princip einer Centralgewalt werden da laut, wo die Bevollmächtigten an die ehedem auf dem Rhein eingerichtete Verwaltung erinnern. Baron Türckheim, der Bevollmächtigte von Hessen-Darmstadt, anerkennt, dass die permanente Centralverwaltung unter ganz verschiedenen Verhältnissen geschaffen worden war, dass sie nicht mehr „absolut nothwendig" sei, und dass der Modus, den die Commission vorgezogen zu haben scheine, der Modus einer periodischen, zur Sicherung der auf die Flusspolizei bezüglichen Vereinbarungen bestimmten Versammlung „genügen könne". Der badische Bevollmächtigte führt aus, dass ehedem kein Interesse die Uferstaaten an die Schiffahrt und den

---

[43]) Vgl. Klüber l. c. S. 22 f., 41; Engelhardt l. c. S. 206, Anmerkung.

Handel des Flusses band, während sie jetzt alle interessirt wären, und jeder von ihnen zweifellos mit allen Kräften zum Vollzuge der vertragsmässigen Verbindlichkeiten beitragen würde. Auch er geht also von dem aus, was nach den Umständen im allgemeinen Interesse hinreiche. Erst in zweiter Linie hebt er andere Momente hervor.[44])

In jenen Bemerkungen, die mehr in das Detail der Befugnisse der Centralgewalt eingehen und insbesondere das Mass der Autorität, das ihre Entscheidungen geniessen sollen, betreffen, nimmt man wahr, wie die Idee der Gemeinschaft benützt wird, um eine stärkere Gewalt zu empfehlen. Der Entwurf Dalberg's ist von ihr erfüllt. Baron Türckheim bemerkt, dass in jeder wohlorganisirten Vereinigung der particuläre Wille dem allgemeinen weichen müsse. Auch Humboldt wünscht offenbar eine wirkliche Centralgewalt, in der die Unabhängigkeit jedes Uferstaates dem allgemeinen Willen untergeordnet wäre, und welche dazu beitragen würde, den Fluss in Wirklichkeit, und nicht blos zum Scheine, als ein Ganzes zu behandeln.[45])

Was die allgemeine Idee betrifft, welche die Organisation der Centralgewalt bestimmen soll, so hebt der badische Bevollmächtigte hervor, dass der Zweck der Commission der eines den Uferstaaten gemeinsamen Interesses sei. Baron Türckheim sagt, dass sie die Verbindung aller an der Sicherheit und Polizei der Rheinschiffahrt betheiligten Staaten präsentire. Man kann auch in diesen zwei ähnlichen und doch verschiedenen Ausdrucksweisen die Spuren der beiden juristischen Ideen, welche die Frage beherrschten, finden. — Humboldt verlangt für den Fall als eine wirkliche Centralbehörde geschaffen würde, dass derjenige Staat, der ihr eine grössere Zahl von Interessen unterwürfe, auch in ausgedehnterem Masse an ihr participire. Dieser Theil jedes Staates soll sich nach dem Umstande bemessen, welcher die Staaten zu Mitgliedern der Vereinigung macht, er soll zur Ausdehnung seiner Ufer in Verhältniss stehen. Es gibt nun zwei Arten von Interessen, die der Centralgewalt unterworfen sind und deren Umfang sich im Allgemeinen nach der Ausdehnung der

---

[44]) S. Klüber l. c. III, S. 40, 47 ff., 92 f.
[45]) S. ebenda S. 90, 62, 99 f., 169.

Ufer bestimmt: das Interesse, das jeder Staat an der Schifffahrt des Flusses nimmt, und das Interesse der territorialen Unabhängigkeit. Wahrscheinlich hat Humboldt an die eine und die andere Art von Interessen gedacht, vorwiegend wohl an die letztere.[46])

Während wir so, ziemlich genau, die Verhandlungen verfolgen können, welche zu den an anderer Stelle erwähnten Vereinbarungen über die internationalen Organe der Rheinschiffahrt führten, besitzen wir überhaupt fast gar keine Aufklärung über die Art und Weise, wie das allgemeine, alle internationale Flüsse betreffende Reglement zu Stande kam. Es wird verlesen und alsbald genehmigt. In seinem Inhalt verfolgt man den Einfluss des Rheinreglements, des preussischen und des französischen Entwurfs.

Für unsere Frage ergibt sich aus all dem Gesagten:

Die Commission musste, mit Rücksicht auf ihre Instruction und nach dem zwischen dem Rheinreglement und dem allgemeinen Reglement thatsächlich bestehenden Verhältniss, daran denken, wie in dem letzteren irgend ein Princip über die Frage des Vollzuges, die sie so sehr und mit positivem Resultat betreffs des Rheins beschäftigt hatte, zu fixiren wäre. Das hat offenbar auch die rumänische Regierung empfunden, als sie in der Wiener Congressacte ein Princip über internationale Controle suchte. Nun war es allerdings nach der Natur der Sache und mit Rücksicht auf die zu Tage getretene Meinungsverschiedenheit unmöglich, gerade gemeinsame „Controle" oder überhaupt irgend ein Princip specieller Art, festzusetzen. Aber man konnte doch weiter gehen als das Humboldtsche Memoire, und mindestens den allgemeinen Begriff der Convenienz abstrahiren, der immer annehmbar ist, wenn eine Idee in Wahrheit realisirt werden soll. Berücksichtigt man andererseits, dass die Schlussbestimmung des Artikels 116 hinwiederum auf Nichts sonst in den Vorarbeiten der Commission zurückgeführt werden könnte, so wird man sie fast mit Sicherheit als letztes Sublimat der auseinandergesetzten Discussionen ansehen und ihr gerade vorzugsweise den Sinn

---

[46]) S. ebenda S. 52, 96, 90, 62, 99, vgl. S. 219, 213 und die Rheinschiffahrtsacte von 1831, Einleitung, Art. II und XCV.

beilegen können, dass gemeinsame Organe bestellt werden sollen, wenn und wie es angemessen ist.

Sehr verschiedene Pläne sind der Commission vorgelegen. Auch eine ausschliessliche Centralverwaltung war ihr nicht fremd. Die in der Congressacte festgesetzte Ausnahme bezüglich des Unterhalts der Leinpfade u. s. w. entspricht der Geschichte der Verhandlungen, und die Schärfe, mit welcher man sie auszudrücken gewusst hat, beweist von Neuem den allgemeineren Sinn der Bestimmung des Artikels 116.

Die Idee der Flussgemeinschaft führt mit Nothwendigkeit zur Errichtung gemeinsamer Flussbehörden. Macht man Ernst mit dem Gedanken, dass der Fluss in Bezug auf die Schiffahrt aller Uferstaaten gemeinsam zugehöre, also mit dem Gedanken, dass die Ausübung der Hoheitsrechte insofern ihnen gemeinsam zustehe; macht man Ernst mit dem Gedanken, dass der Fluss in Bezug auf die Schiffahrt ein Ganzes sei, so dass also *partes divisae* in dieser Beziehung nicht hervortreten sollen, so muss, wenn überhaupt vollzogen werden soll, durch gemeinsamen Willen vollzogen werden. Würde der Vollzug den einzelnen Uferstaaten anvertraut, so wäre dies eine durch besondere Momente erst zu rechtfertigende Rückübertragung einer der Vereinigung überlassenen Macht und Aufgabe. Aber die Idee tritt nicht mit voller Schärfe in das allgemeine Bewusstsein, und concurrirt mit dem einfachen Gedanken eines Rechtes auf freie Schiffahrt, das jedem Uferstaate einzeln an der Flussstrecke jedes anderen zusteht.

Zur Erklärung der meisten auf eine angemessene Gestaltung der Schiffahrtsverhältnisse gerichteten Grundsätze der Wiener Congressacte wird man richtiger und leichter die Idee der Gemeinschaft mit dem *bonae fidei*-Verhältniss, das sie unter den Betheiligten schafft, als das starrere und schwer näher zu bestimmende Einzelrecht auf freie Schiffahrt heranziehen. Aber bei der Schlussbestimmung des Artikels 116 genügt uns vollständig der jedenfalls massgebliche Gesichtspunkt, in dem beide Ideen zusammentreffen. Wenn schon einmal die Geltung gewisser Grundsätze als nothwendig für eine wirklich freie Schiffahrt oder als dem Zwecke der Vereinigung der Uferstaaten entsprechend erkannt worden ist und wenn sie mit normaler Sicherheit nur dann erwartet werden kann, falls gewisse gemeinsame Behörden mit gewissen Befugnissen errichtet werden, um für den Vollzug zu sorgen, so ist dies im Sinne beider Ideen nothwendig und muss durchgeführt werden. Auch die Protokolle haben uns diesen Gedanken gezeigt. Die Convenienz im Sinne des Artikels 116 hängt demnach in erster Linie von dem ab, was zur Sicherung des Flussregimes erforderlich ist. Eine Vollzugsform, die es nicht sichert, ist nicht convenabel. Immer sind es auch nur die Uferstaaten, welche zur Theilnahme an dem Vollzuge berufen erscheinen. Nur an sie wird gedacht; denn nur sie sind Mitglieder der Vereinigung, nur sie haben ein volles Recht auf freie Schiffahrt im Sinne des Wiener, Congresses. Die natürliche Grundlage ihres Rechtes, die natürliche Bestimmung des Flusses für alle Uferstaaten welche, abgesehen von dem maritimen Flusstheile und abgesehen von Staaten, welche schiffbare Nebenflüsse besitzen, eine volle Wahrheit ist, macht ihre Stellung zu einer principiell von der der Nicht-Uferstaaten auch dort verschiedenen, wo der liberale Gedanke, die Flüsse allen Nationen zu eröffnen, verwirklicht ist. Die Nicht-Uferstaaten sind zugelassene Fremde, die Uferstaaten die natürlichen Genossen (Catellani S. 27, vgl. S. 23).

Eine zweite Idee hat zweifellos zur besonderen Stellung der Uferstaaten beigetragen, und hat auch zweifellos auf ihr Verhältniss untereinander eingewirkt. Sie allein bringen Opfer, indem sie den Fluss dem conventionellen Regime unterwerfen. Der Mangel an Reciprocität wurde den Nicht-Uferstaaten in der Wiener Commission entgegengehalten, als man ihnen die gleiche Behandlung mit den Uferstaaten in dem Hauptpunkte, betreffs des Rechtes, die Schiffahrt zu betreiben, weigerte. Das Argument bietet sich so leicht dar, dass es gewiss überall in Betracht kam, wo es sich darum handelte, die europäische Controle des Flussregimes zu beschränken. Der Einfluss des Reciprocitätsgedankens unter den Uferstaaten selbst wird gerade in unserer Frage durch die Bemerkungen Humboldt's über die Organisation einer wirklichen Centralgewalt und durch die Bestimmungen des Rhein-Reglements bezüglich der

Ernennung des Inspectors und der Subinspectoren und gewisser daran sich knüpfender Fragen markirt.

Die Gegenseitigkeit ist sicherlich eine den Völkerverkehr in bedeutendem Umfang beherrschende Idee. Aber sie ist ihrer Natur nach keine motorische Idee. Die Gegenseitigkeit eines Opfers und eines Gewinnes, einer Verpflichtung und eines Rechtes, der Umstand, dass Alle gleichmässig betheiligt sind, kann nie das erklären, was die Erscheinung hervorgebracht hat. Das Flussrecht könnte gar nicht auf der Gegenseitigkeit der Opfer der Uferstaaten beruhen, es beruht auch thatsächlich auf anderen, auseinandergesetzten Gedanken. Schon aus diesem Grunde ist es unrichtig, mit Dahn (S. 43) und Geffcken (S. 37) die Gegenseitigkeit als eines seiner fundamentalen Principien zu bezeichnen. Es sind aber auch die bewegenden Ideen des Flussrechts, wo immer es Noth that, in ihrer Wirkung durch die Idee der Reciprocität nicht aufgehalten worden; ein gleiches Mass von Opfer und Gewinn für alle Theile wurde bei der Verwirklichung jener Idee keineswegs als nothwendig betrachtet. Der allgemeinere Gedanke, dass die internationalen Flüsse alle Nationen verbinden sollen, ist trotz seines Werthes dem Mangel an Reciprocität erlegen. Aber der Gedanke, dass der natürlichen Bestimmung des Flusses für die Uferstaaten Genüge geschehen müsse, hat in dem Kampfe mit den territorialen Interessen obgesiegt, obwohl die Bewohner der untersten Flussstrecke die von ihnen verlangten Opfer für grösser ansehen mussten, als die ihrer oberen Nachbarn. Man hat sogar vorzugsweise nur an das Recht der Letzteren gedacht und der Vertheidiger der Freiheit der Schelde hat behauptet und juristisch zu beweisen gesucht, dass das Recht der freien Schifffahrt nur ihnen gehöre, dergestalt, dass der Souverän des Staates, in dem der Fluss entspringt, berechtigt sei, ihn zu schliessen.[47]) Auch die specielleren Grundsätze der Wiener Congressacte können ihrer Natur nach den einzelnen Uferstaaten ungleiche Opfer auferlegen, und selbst vor einer formell ungleichen Behandlung wurde nicht zurückgeschreckt,

---

[47]) Linguet, *Annales politiques* XI, (1784) S. 490 f., XII, (1784) S. 261 f.; vgl. selbst Dudley Field, *Outlines of an international code*, Artikel 55.

wenn nach Artikel 114 die bestehenden Stapel- und Umschlagsrechte, ohne Rücksicht auf das locale Interesse des Ortes oder Landes, wo sie bestehen, nur dann beibehalten werden sollten, wenn sie als nothwendig oder nützlich für die Schiffahrt und den Handel im Allgemeinen befunden würden.

Die Reciprocitätsidee wird bei der Anwendung der Schlussbestimmung des Artikels 116 gewiss berücksichtigt werden müssen. Aber sie birgt sich im allgemeinen Begriff der Convenienz, ohne ihm eine Grenze zu setzen. Und man wird nach dem oben Gesagten nur dann auf das, was sie fordert, Rücksicht nehmen können, allerdings auch müssen, wenn eine Wahl zwischen mehreren Vollzugsformen offen steht, von denen jede die Aufrechterhaltung des Flussregimes sichert.

Nach dieser Analyse des Artikels 116 können wir zur gegenwärtigen Frage übergehen.

3. Rumänien wird, abgesehen von der Ausnahme des Artikels 113 der Wiener Congressacte, verpflichtet sein, die ganze Ausführung der Reglements internationalen Behörden anzuvertrauen, wenn dies die angemessene, den Umständen und Oertlichkeiten angepasste Vollzugsform ist. Die territoriale Souveränetät ist durch Artikel 116 des Grundgesetzes unserer Materie beschränkt, und die Bestimmung geht ihrem Geiste nach in dieser Beziehung offenbar ebenso gut auf den Fall der blossen Reglementirung eines Flusstheiles wie auf den Normalfall.

Die rumänische Regierung hat zu wiederholten Malen ihren guten Willen in Betreff der Donau-Schiffahrt betheuert.[48] Der österreichisch-ungarische Gesandte in London hat dagegen gerade mit Bezug auf den hier fraglichen Punkt die Aufrichtigkeit und Unparteilichkeit der Territorialbehörden gegenüber der österreichischen Schiffahrt in Zweifel gezogen.[49] Das ist eine Thatfrage, die überhaupt schwer zu beurtheilen ist und die der ferner Stehende gar nicht beurtheilen kann. Indessen sei es mir verstattet, hier mehrere Thatsachen — allerdings nach österreichischen Quellen und

---

[48] S. z. B. die Noten vom 25. Mai und vom 17. November 1882 (bei Dahn S. 58, 64).

[49] S. das Promemoria des Grafen Károlyi, ebenda S. 85.

nach Quellen, welche sich nicht gerade auf die unmittelbare Gegenwart, sondern nur auf die letzten Jahre beziehen — aus einer grösseren Reihe hervorzuheben, welche wohl erklären werden, warum Oesterreich den Vollzug der Reglements den Territorialbehörden zu entziehen wünscht.[60])

Die österreichisch-rumänische Handelsconvention vom 22. Juni 1875[61]) anerkennt ein Recht Rumäniens, in den Donauhäfen als specielle Zuschlagsgebühr Taxen von den ein- und ausgeführten Waaren zu erheben. Dieselben sind in gewisser Weise festgesetzt; sie sollen 5% der specifischen Zölle und $1/2$% des Werthes bei Werthzöllen betragen. Aber die Pächter derselben[62]) erhöhten sie ungeachtet wiederholter Reclamationen durch Willkürlichkeiten und Uebervortheilungen in so bedeutendem Masse, dass die Ziffern, welche in dieser Richtung (von B. Singer) geboten werden, geradezu unglaublich scheinen. Der Zuschlag hat in den 7 Jahren von 1875 bis 1881 34,854.000 Francs, und wenn man die Einnahmen für Braila und Galatz abzieht, 27,917.000 Francs eingetragen. — Im September 1881 wurden Generalmanifeste über die Frachtgüter neben den Specialmanifesten, die sich auf die Operationen der Schiffe in jedem einzelnen Hafen beziehen, eingeführt. Alle Manifeste sind stempelpflichtig und die Ausfertigung des Generalmanifestes erfordert etwa 100 Francs für den Stempel. Und doch sollten nach Artikel XXVIII der Convention die der Donau-Schiffahrt zugestandenen Erleichterungen aufrecht erhalten und so viel als möglich ausgedehnt werden.

---

[50]) S. die **Jahresberichte** des österreichischen Handelsministeriums für 1879 S. 58, für 1880 S. 52 f., für 1881 S. 47, 96 f., für 1882 S. 96; die Berichte der österreichisch-ungarischen Consuln in Rumänien in den **Mittheilungen** IX (1881) S. 329, XI (1883) S. 163 f., 671, 677 f.; B. S. (Handelskammerrath **Singer**) in der „**Neuen freien Presse**" vom 26. Mai 1882; die Nummer desselben Blattes vom 4. November 1883, *The Economist*, 1881, S. 74, 1282.

[51]) **Martens** N. R. G., *Deux. sér.*, II. S. 371.

[52]) Die Verpachtung der Schiffahrtsabgaben ist untersagt in dem Rheinreglement von 1815, Art. 24, in der Elbeschiffahrtsacte von 1821 (**Martens** N. R. V. S. 714) Art. VII, in der Weserschiffahrtsacte von 1823 (ebenda VI, S. 301) §. 14 u. s. w.

Die eingeführte Zuschlagsgebühr war ausschliesslich zu dem Zwecke bestimmt, um in den Häfen die Halteplätze der Schiffe zu verbessern und die Ausführung gewisser, zur Erleichterung des Ein- oder Ausladens der Waaren bestimmter öffentlicher Arbeiten zu befördern; auch nach der Convention sollte sie diesem Zwecke dienen. Thatsächlich hat sie Rumänien in der bezeichneten siebenjährigen Periode ein Reineinkommen von 17,124.000 Francs gewährt, eine Summe, die sich auf 17,353.000 Francs erhöht, wenn man von Braila und Galatz, wo die Ausgaben die Einnahmen überstiegen, absieht! Die vernachlässigten Häfen befinden sich dabei in sehr schlechtem Zustand und die österreichischen Reclamationen können sich nur eines ungenügenden Beginnes von Erfolg rühmen. Es fehlt an Quais, an den nöthigen Zufahrtsstrassen und Landungsplätzen. In Giurgevo, dem Hafen für Bukarest, sind die nothwendigsten Baggerungen für die Zufahrt vernachlässigt u. s. w.

Man bemüht sich in verschiedenster Weise, die Schifffahrt im Interesse der rumänischen Staatseisenbahnen zu schädigen. Im Juli 1881 wurde die Fracht speciell für die Strecke von Giurgevo nach Bukarest (nicht in umgekehrter Richtung) um 30 % erhöht. Eine Verordnung, welche das Quantum, auf das ein einzelner Bahnfrachtbrief lauten kann, auf 10.000 Kilogramm begrenzt, Schwierigkeiten, welche bezüglich der Constatirung des Gewichtes von von dem Schiffe auf die Eisenbahn überladenen Güter entgegengesetzt werden, specielle Zollcautionen, welche die Eisenbahntransporte nicht belasten, figuriren unter den vielen, oft minutiösen Chikanen, mit denen die Donau-Schiffahrt in Rumänien zu kämpfen hat.

Es scheinen dauernde Motive für ein solches Gebahren vorhanden zu sein. Rumänien ist noch immer ein armes Land. Dabei hat es ein ziemlich entwickeltes Eisenbahnnetz (1882: 1430 Kilometer). Der grösste Theil der Linien gehört dem Staate. Dieser besitzt insbesondere seit einigen Jahren die grosse Linie von Verciorova nach Galatz, welche ziemlich parallel zur Donau läuft. Andererseits werfen speciell die **auf der Strecke vom Eisernen Thore** in Betracht kommenden Schiffahrts- und Handelsinteressen zwar ein bedeutendes, aber keineswegs ein so bedeutendes Gegengewicht in die Wagschale, wie dies etwa auf den ersten Blick zu glauben wäre. Die Natur selbst hat das Land in dieser Richtung nicht begünstigt. Keiner der zahlreichen Nebenflüsse der Donau in der Walachei kann Lasten tragen. Die Ufer des Stromes sind meistens sumpfig oder sandig, die Städte gewöhnlich in einer gewissen Entfernung vom Flusse gelegen und nicht gross. Vielmehr ist es das bulgarische Ufer, welches vermöge seiner Erhebung über das Flussniveau, seines fruchtbaren Bodens, seiner alten bedeutenden Städte berufen ist, die Schiffahrt zu beherrschen.[53] Diese befindet sich grösstentheils in fremden Händen.[54] Wenn sich die rumänische Regierung bemühen wird, ihre Schiffahrt zu heben, so eröffnet dies für längere Zeit der fremden Schiffahrt gerade nicht die Aussicht auf eine günstigere Behandlung. Die Bedeutung der langen Donaustrasse für den rumänischen Export wird namentlich durch die Beschaffenheit der Producte und des Marktes, durch die Natur eine Bergfahrt und durch die gewaltigen Schiffahrtshindernisse in hohem Grade geschwächt.

Wenn ein Staat an den Tag legt, dass er kein so bedeutendes Interesse an der Schiffahrt hat, um nicht andere schädigende Interessen in ungebührlicher Weise vorwiegen zu lassen, wenn er an den Tag legt, dass er sogar ein Interesse daran hat, ihr in einem gewissen Masse den Verkehr zu entziehen, und wenn die Motive, welche sein Gebahren in dieser Richtung bestimmen können, dauernder Natur sind: dann kann der gehörige Vollzug der Reglements, die zur Förderung der Schiffahrt bestimmt sind, nicht mit normaler Sicherheit von Organen erwartet werden, die ausschliesslich von ihm abhängen. Es ist im Sinne des Artikels 116 unangemessen, ihm allein diesen in viele Details zerfallenden, schwer im Ein-

---

[53] S. Götz l. c. S. 383, 420 ff., 432.

[54] Vgl. mit den in Note 21 gegebenen Daten folgende aus denselben Quellen gezogene: Die Zahl der zwischen dem Eisernen Thore und der Sulinamündung, dann auf dem Pruth verkehrenden rumänischen Flussfahrzeuge beziffert sich auf 14 Dampfer von 485 Pferdekräften, 33 Schleppschiffe von 6152 Tonnen, 40 sonstige Schiffe von 7650 Tonnen. Die mittlere jährliche Zahl der in dem Hafen von Giurgevo operirenden rumänischen Schiffe beträgt für die Jahre 1875, 1876 und 1878—1880: 64; die Zahl für 1881 ist 66, darunter 50 Dampfer und Schleppe.

zelnen controlirbaren Vollzug anzuvertrauen. Internationale Organe werden bestellt werden müssen.

4. In Bezug auf das zweite Problem, in Bezug auf die Frage, ob Oesterreich-Ungarn die Theilnahme an diesem internationalen Organismus beanspruchen darf, macht der Umstand, dass man es mit einem Flusstheile und nicht mit einem ganzen Flusse zu thun hat, weit mehr Schwierigkeiten.

Oesterreich-Ungarn ist Uferstaat an der schiffbaren Donau, aber nicht an der zu reglementirenden Strecke. In der Wiener Congressacte wird zwar immer von den Uferstaaten des ganzen schiffbaren Flusses gehandelt; insbesondere sind es nach Artikel 116 alle diese Uferstaaten, welche einzeln oder durch gemeinsame Organe für den Vollzug zu sorgen haben; aber dabei ist doch auch immer vorausgesetzt, dass der ganze schiffbare Fluss reglementirt wird. Wie steht es nun, wenn blos auf einem Flusstheile die internationale Reglementirung durchgeführt werden soll?

Es könnte scheinen, dass in diesem Falle die Uferstaaten des betreffenden Flusstheiles jenen des ganzen Flusses zu substituiren seien, dass dies dem Geiste der Wiener Bestimmungen entspricht, so dass die übrigen Uferstaaten des Flusses als Nicht-Uferstaaten im Sinne der Bestimmungen der Congressacte und insbesondere im Sinne des Artikels 116 zu behandeln seien. In der That wird von der rumänischen Regierung[55]) wie von ihren Vertheidigern (Dahn S. 10, 47, Holtzendorff S. 98 ff, Geffcken S. 31, Catellani S. 130, 132) die Eigenschaft Oesterreichs als Nicht-Uferstaat eifrig betont.

Um dieser Auffassung gerecht zu werden, müssen die Bestimmungen der Wiener Congressacte einerseits an sich als Rechtssätze, andererseits nach ihrer Entstehung als vertragsmässige Einräumungen betrachtet werden.

Vom ersteren Standpunkte aus wäre die Substitution richtig, wenn die Stellung der Uferstaaten auf dem Opfer der Unabhängigkeit beruhen würde, das jeder von ihnen bringen soll, oder wenn mindestens die bewegenden Ideen des Fluss-

---

[55]) S. z. B. die Note vom 24. Mai 1883 (bei Dahn S. 120).

rechts durch die Reciprocitätsidee begrenzt wären. Ein Opfer territorialer Unabhängigkeit wird allerdings bei Reglementirung eines Flusstheiles nur von den Uferstaaten dieser Strecke gebracht.

Aber der Reciprocitätsgedanke ist blos ein secundärer. Er hat die Rechte der Uferstaaten nicht erzeugt und man ist über ihn hinweggeschritten, wo es Noth that. Auf die bewegenden Ideen des Flussrechts kommt es schlechthin an. Das sind: in letzter Linie die Idee der natürlichen Bestimmung des Flusses für alle Uferstaaten, des Weiteren die Idee eines Rechtes auf wirklich freie Schiffahrt für jeden Uferstaat und die Idee der Gemeinschaft des Flusses für alle Uferstaaten. In dieser Eigenschaft und nicht vermöge der Reciprocität, und nicht soweit der Reciprocität Genüge geschieht, geniessen die Uferstaaten die Rechte, welche ihnen die näheren Bestimmungen der Wiener Congressacte geben, in dieser Eigenschaft haben sie das Recht, an gemeinsamen Vollzugsbehörden theilzunehmen, wenn und wie es angemessen ist. Diese Eigenschaft besteht aber für die Uferstaaten des ganzen Flusses bezüglich jedes Theiles. Ihr Recht auf wirklich freie Schiffahrt bezieht sich auf jede einzelne Strecke, der zwischen ihnen bestehenden Gemeinschaft ist jede einzelne Strecke unterworfen. Und darum entspricht es dem Geiste der Wiener Principien, dass die von ihnen gewährten Rechte allen Uferstaaten auf jeder Flussstrecke zukommen, ohne Rücksicht darauf, ob sie auf dem ihrer territorialen Souveränetät unterworfenen Theile gleiche Opfer bringen oder nicht. Wesentlich dies ist auch die Auffassung Jellinek's, wenn er betont, dass, da die Gemeinsamkeit der Wasserstrasse der Grund der conventionellen Verwaltung internationaler Ströme sei, jeder Staat als Uferstaat an dem ganzen Wasserlaufe, auch an dem seiner Territorialhoheit nicht unterworfenen Gebietstheile zu betrachten komme.[56])

Freilich sind die Wiener Bestimmungen auch andererseits vertragsmässige Zugeständnisse. Nach den Regeln des Vertragsrechtes, schon nach dem einfachen Begriffe des zweiseitigen Vertrages kann man sagen, dass der Satz, wonach alle Uferstaaten im Falle der Convenienz an dem Vollzuge

---

[56]) l. c. S. 22 f.

theilnehmen können, von einem Staate nicht zu seinen Gunsten angerufen werden dürfe, der ihn auf seinem Gebiete, sei es mit oder ohne Schuld, nicht durchführt.

Es gibt Fälle, wo bei Reglementirung eines Flusstheiles eine beschränkte Anwendung der Wiener Principien aus diesem Grunde gerecht sein wird. Wenn von mehreren durch die Congressacte verbundenen Staaten der eine sich weigert ihre Bestimmungen auf seinem Territorium durchzuführen, und nun die anderen sich **unter einander** zusammen thun, um ihnen mindestens auf ihrem Gebiete Geltung zu verschaffen, so wird es zwar noch immer der **Rechtssatznatur** der Wiener Principien entsprechen, wenn bei dieser Reglementirung auch der weigernde Staat vollkommen berücksichtigt wird, damit mindestens auf der Theilstrecke jene Grundsätze völlig zur Anwendung kommen. Aber nach den Regeln des **Vertragsrechts** wird es nicht gefordert werden können. Aus der Congressacte könnte es nur gegen Gegenleistung beansprucht werden. Aus der neuen Convention zwischen den übrigen Staaten hat der weigernde Staat kein Recht, weil er nicht Partei ist, und es kann überhaupt nur angenommen werden, dass die Contrahenten blos ihr eigenes normales Interesse im Auge hatten, dass sie zusammengetreten sind, um ihren Flusstheil, gleich als wenn es ein ganzer Fluss wäre, zu reglementiren. Aber hier zwischen Oesterreich und Rumänien liegt der gerade entgegengesetzte Fall vor. Rumänien, Serbien und Bulgarien sind nicht **unter einander** zusammengetreten, um die Strecke vom Eisernen Thor zu reglementiren. Durch den Berliner Vertrag ist ihnen diese Verpflichtung gegenüber anderen Mächten, und insbesondere auch gegenüber Oesterreich-Ungarn, auf dessen Initiative und durch dessen Anstrengungen Artikel LV zu Stande kam, auferlegt worden. Sie haben diese Verpflichtung vorzugsweise im directen Interesse dieser anderen Mächte (im allgemeinen Interesse) und namentlich im Interesse Oesterreichs übernommen.[67]) Wenn sich mehrere Uferstaaten, die mit einem anderen zur Durchführung der Wiener Congressacte verbunden sind, **ihm gegenüber** verpflichten, sie zunächst auf ihrem Flusstheile zur Geltung zu bringen, so

---

[67]) Vgl. Engelhardt l. c. S. 52, Anm. 1.

können sie nicht mehr gegen den Geist der Principien das vertragsrechtliche Moment einwerfen, dass er seinerseits auf seinem Gebiete der Congressacte nicht vollkommen Genüge gethan hat. Denn es liegt eben in der Vereinbarung, dass sie in diese Ungleichheit, in eine einseitige Durchführung der Bestimmungen der Congressacte willigen, dass sie von jenem Umstande abstrahiren wollen. Sie können ihren Flusstheil nicht mehr als ob es der ganze Fluss wäre, sondern nur, wie es für einen Theil innerhalb des Ganzen geschehen muss, reglementiren.

Hiernach ergibt sich für die uns beschäftigende Frage Folgendes: Es ist bei einer solchen Reglementirung eines Flusstheiles einfach nach dem Satze zu verfahren, dass sämmtliche Uferstaaten des ganzen Flusses für den Vollzug der Reglements auf dem ganzen Flusse zu sorgen haben und dass über Näheres die Convenienz entscheidet. Auf dem zu reglementirenden Theile werden daher sämmtliche Uferstaaten, insoweit es convenabel ist, zum Vollzuge berufen werden können. Eine Nothwendigkeit, sie alle zu berufen, liegt, auch wo gemeinsame Behörden creirt werden, nicht vor. Es hängt von der Convenienz und davon ab, ob ihrem Interesse durch ihren Einfluss auf den Vollzug der Reglements anderer Flussstrecken Rechnung getragen worden ist. Denn es ist nicht nothwendig, dass alle Uferstaaten an jeder gemeinsamen Vollzugsbehörde theilnehmen.

Oesterreich-Ungarn hat daher als Donauuferstaat, auch vermöge der Wiener Congressbestimmungen ein eigenes, nicht erst durch „Europa" ihm zuzuerkennendes Recht, an der gemischten Commission theilzunehmen, wenn gerade dies die angemessene Vollzugsform bildet, jede andere weniger angemessen und daher im Vergleich zu ihr unangemessen ist. Es hat jedenfalls dieses Recht dann, wenn sonst der entsprechende Vollzug der Reglements nicht mit normaler Sicherheit erwartet werden kann.

Wir stehen wieder vor einer Thatfrage und zwar vor einer solchen, die dem individuellen Ermessen weitesten Spielraum lässt. Ich denke nicht daran sie zu erledigen. Wenn man berücksichtigt, dass es sich in Gemässheit der früheren Erörterungen gerade Rumänien gegenüber darum handeln müsste, in die gemeinsame Behörde Staaten mit genügendem, möglichst isolirtem und durch Einfluss unterstütztem Schiffahrts- und Handelsinteresse einzuführen; dass, wenn zugleich der Reciprocität Genüge geschehen sollte, nur Serbien und Bulgarien neben Rumänien in Betracht kämen, von denen das erstere sehr wenig Interesse besitzt und das letztere in einem Vasallenverhältnisse steht, daher einerseits politisch wenig einflussreich ist, andererseits naturgemäss auf seine territorialen Rechte eifersüchtig sein muss; endlich dass in Bezug auf die Grösse und gleichzeitige Isolirtheit des Interesses kein anderer Staat neben Oesterreich-Ungarn in's Gewicht fällt: so wird man nicht leicht zu einem dieser Monarchie ungünstigen Resultate gelangen.

Oesterreich-Ungarn — dies mag schliesslich noch gegenüber manchen Bemerkungen hervorgehoben werden — hat sich der Schiffahrtsfreiheit auf seinem Territorium günstig gezeigt. Wenn es in der Donauschiffahrtsacte von 1857 im Sinne des Wiener Congresses die Unterscheidung zwischen Uferstaaten und Nichtuferstaaten festhielt, so kann ihm dies vom Standpunkt der allgemeinen europäischen Uebung gewiss nicht vorgeworfen werden; mit Rücksicht auf die speciellen Bestimmungen des Pariser Vertrags mag es allerdings Unrecht gehabt haben; möglicher Weise haben die Pariser Vertragsmächte bezüglich der Donau die Schiffahrt der Nichtuferstaaten der der Uferstaaten gleichstellen wollen; aber dies ist auch nur vielleicht richtig, keineswegs so zweifellos, wie dies namentlich Holtzendorff hinstellt.[58]) Mit schweren Opfern hat Oesterreich um der Schiffahrtsfreiheit willen das Privilegium seiner Donaudampfschiffahrtsgesellschaft abgelöst, die „Hekatombe" (Wurm) einer jährlichen Ertragsgarantie von beinahe zwei Millionen Gulden, welche den Staat bei Auflassung des Garantieverhältnisses schliesslich beinahe sechs Millionen Gulden gekostet hat, dargebracht.[59]) Auf dem Po hat es schon in dem Vertrage von 1849 die Schiffahrtsfreiheit

---

[58]) Vgl. namentlich auch Artikel 17, Nr. 2 des Pariser Vertrages, sowie die Erklärung, mit welcher Graf Buol im 10. Congressprotokolle die Zustimmung Oesterreichs ausspricht und die in den Vertrag wesentlich übergegangene Redaction der die Donau betreffenden Bestimmungen überreicht.

[59]) S. Wolfbauer, Die Donau (1880), S. 135, 348 ff.

für alle Nationen bewilligt und in einer Reihe von Verträgen[60] hat es alle seine Flüsse der fremden Schiffahrt geöffnet, selbst Serbien gegenüber, wo jede Reciprocität durch den Umstand wegfiel, dass die Flüsse im Innern Serbiens nicht schiffbar sind. Auch von diesem Gesichtspunkt konnte Graf Károlyi auf der Londoner Conferenz mit gutem Recht sagen: „*que la participation de l'Autriche-Hongrie à la Commission Mixte ne peut que contribuer à la stricte observation de la liberté de la navigation du Danube.*"

Wien am 5. März 1884.

---

[60] S. Art. 10 des Schiffahrtsvertrages mit Frankreich vom 11. December 1866 (Neumann et Plason *Rec. autr.* N. S. IV, S. 628); Art. XXI des Handels- und Schiffahrtsvertrages mit Italien vom 27. December 1878 (Martens N. R. G. *Deux. sér.* IV, S. 381); Art. 13 des Handelsvertrages mit Deutschland vom 23. Mai 1881 (R. G. Bl. Nr. 64); Art. I des Schiffahrtsvertrages mit Serbien vom 22. Februar 1882.

Verlag von Alfred Hölder, k. k. Hof- und Universitäts-Buchhändler.